KB233323

②알②알②알
중국어 말하기

인쇄일 2016년 7월 4일
발행일 2016년 7월 15일

저 　　자 엄상천 저
발 행 인 윤우상
총 　　괄 윤병호
책임편집 최준명
북디자인 Design Didot 디자인디도
발 행 처 송산출판사
주 　　소 서울특별시 서대문구 통일로32길 14 (홍제 2동)
전 　　화 (02) 735-6189
팩 　　스 (02) 737-2260
홈페이지 http://www.songsanpub.co.kr
등록일자 1976년 2월 2일. 제 9-40호

ISBN　 978-89-7780-231-5(13720)

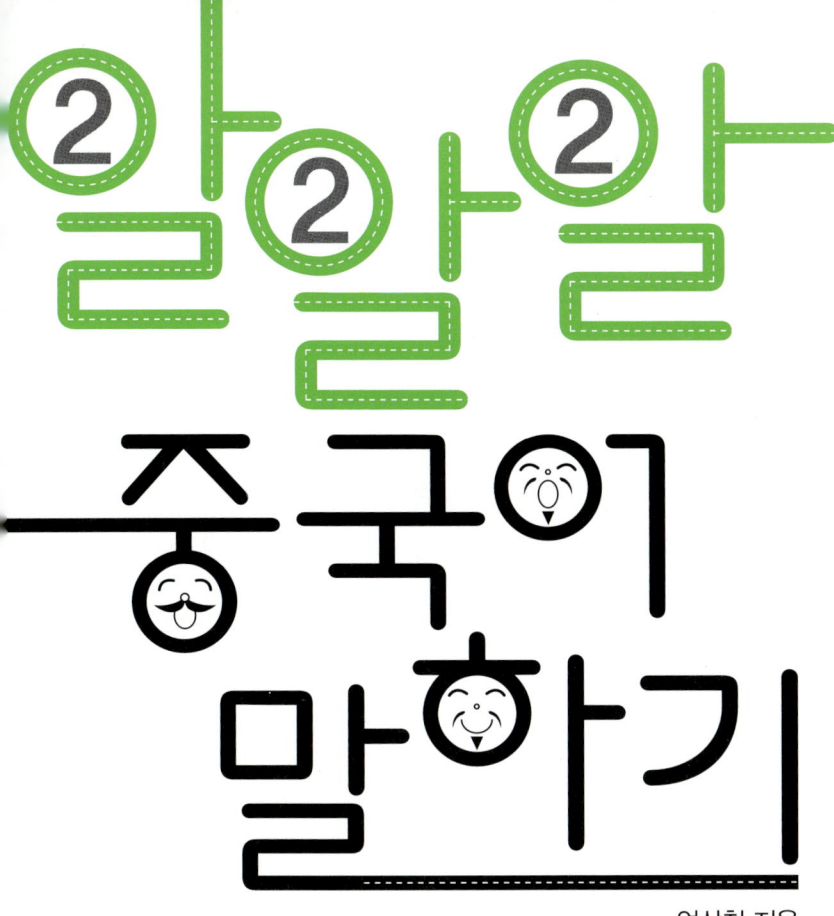

알알알 중국어 말하기 2

엄상천 지음

송산출판사

大家好! 반갑습니다.

(엄)청난 (상)상초월 (천)하제일 초단기중국어 엄상천 강사입니다.

정말 오랫동안 공들이고 정성을 쏟은 **알알알 중국어 말하기**가 나와 너무 기쁩니다. 중국어를 배우기 시작하면 먼저 발음과 성조를 익히고 나서 간단한 중국어 회화표현을 배우고 중국문화도 점점 알아갑니다.

그리고 사람들은 초급과 중급의 사이 그리고 회화와 HSK같은 시험의 중간에서 무엇을 공부해야 할지 많은 고민에 빠지며 시간이 흘러갑니다.

단순한 중국어단어장만으로는 해결되지 않는 갈증, 그 무언가가 필요한 시기입니다. 바로 이때, **알알알 중국어 말하기**는 정말 가뭄에 단비 같은 대단히 효율적이고 과학적인 교재입니다.

우리 **알알알 중국어 말하기**에서는 중국어의 핵심전치사와 잘 결합하는 서술어를 전치사숙어로 엮어봤습니다.

이 **알알알 중국어 말하기**는 여러 회화교과서, 중국방송 및 신HSK 등 각종 시험 지문에도 자주 나옵니다. 실제 중국인들이 자주 쓰는 언어습관에 잘 맞춘 것으로 초급편에 해당합니다. **알알알 중국어 말하기**를 잘 공부하면 실제 회화뿐 아니라 각종 중국어자격증 시험에도 큰 도움이 됩니다.

중국어실력을 빨리 향상시키는 네 가지 방법으로 인사말을 마무리하겠습니다.

첫째, 소리내서 읽으세요. 매일 본문의 문장을 큰 소리로 20분씩 읽으세요.

최소 두 달간 꾸준히 읽으면 발음도 확실히 좋아지고 활용도 잘할수 있습니다.

둘째, 꼭 녹음을 하세요. 본인의 발음을 녹음해서 듣고 MP3의 발음과 비교해보고 또 큰 소리로 녹음을 자꾸 해보세요. 본인의 발음을 듣는 것은 듣기와 말하기실력을 동시에 끌어올리는데 대단히 효과적입니다.

셋째, 이동중에는 MP3를 들으세요. 완벽하게 MP3와 같은 속도로 따라할 수 있을때까지 그 발음을 연습하세요. 단, MP3를 들을때는 절대 책을 보면 안됩니다.
눈은 귀보다 빨라서 내가 문장을 알아들은 것 같은 착각이 들게 합니다.

넷째, 혼잣말을 많이 하세요. 오늘 공부한 **알알알 중국어 말하기**표현을 쓸 수 있는 상황을 계속 상상해보세요. 그리고, 혼자서 1인2역의 연기를 해보세요.
어학의 천재소리를 듣는 사람들은 누구나 다 이렇게 연습을 합니다. 자꾸하면 부끄럽지 않고 습관이 됩니다.

알알알 중국어 말하기로 중국어실력 향상시키시고 중국어와 함께 큰 꿈을 이루시도록 응원하겠습니다. 감사합니다.

2016년 7월
엄 상 천

목차

跟 ~와, ~과

Chapter 3　119

给 ～에게

对 ~에 대해

把 ~을, ~를

Chapter 6   283

被 ～에게 ～되다

Chapter 7　　333

让 ～에게 ～시키다

Chapter 8　　373

比 ~보다 더

Chapter 11   473

为 ~때문에, ~위해 / 由 ~가,~이,~으로 /
按照 ~대로, ~에 따라 / 凭(靠) ~을 근거로, ~으로

많은 사람들이 중국어의 문법구조가 영어와 똑같다고 생각하지만 사실은 꼭 그렇지는 않습니다. 물론, 목적어가 동사술어의 뒤에 놓이는 것은 영어와 같지만 주어부터 서술어까지 오는 부분은 우리 한국어와 유사합니다.

누가(주어) 언제-어디에서-무엇을-어떻게-왜 했느냐(서술어)

주어부터 서술어 사이에 쓰이는 많은 의사전달 표현 중 적지 않은 부분을 전치사를 이용해 표현하는 것입니다.

예를 들어보면,
"공원에서 농구를 해요."라는 표현은
영어로는 "play basketball in the park"라고 말한다면
중국어로는 "在公园打篮球"라고 말합니다.
즉, 영어는 장소를 서술어의 뒤에 쓰지만 중국어와 한국어는 장소를 서술어보다 앞에 씁니다.

예를 하나 더 들어보면,
"친구와 수다를 떨어요." 라는 표현은
영어로는 "talking with my friends"라고 말한다면
중국어로는 "跟朋友聊天"라고 말합니다.
중국어와 한국어는 똑같이 대상을 서술어보다 앞에 씁니다.

★ 아주 간단한 포인트만 기억하고 암기해보면 더욱 효과적일 것 같습니다.
일반적인 중국어문장의 순서는 다음과 같습니다.

전치사★ + 명사/대명사 + 서술어(v)

① 부사와 부정부사(不、没)는 상황에 따라 전치사의 앞이나 서술어의
  앞에 쓸 수 있습니다.
  不: 일반적인 동사나 형용사의 부정형을 나타냅니다. 有의 앞에 쓸
    수 없습니다.
  没: 보통 有와 과거의 부정형을 나타내며 형용사 앞에 쓸 수 없습
    니다.

  我不跟他一起去。 나는 그와 함께 가지 않는다.
  Wǒ bù gēn tā yìqǐ qù.

  我没跟他一起去。 나는 그와 함께 가지 않았다.
  Wǒ méi gēn tā yìqǐ qù.

② 동사의 뒤 또는 문장의 가장 끝에 조사 了를 쓰면 완료형 또는 과거형
  이 된다.
  한국어로 "~했다"라는 뜻이 된다.

③ 동사의 앞 또는 전치사의 앞에 조동사 想、要를 쓰면 의지형 또는 미
  래형이 된다. 한국어로 "~할 것이다"라는 뜻을 나타낼 수 있다.

Chapter 1 在 ~에서

在는 중국어의 전치사 중에서 장소, 시간, 범위, 조건 등을 나타냅니다.
오늘의 핵심 전치사 在는 "～에, ～에서"라는 뜻으로 장소와 시간을 잘 나타냅니다.

① 부정형

"～을 안 한다"라고 표현할 때는 전치사의 앞에 부정부사 不를 붙이면 됩니다.

我在家看电视。 나는 집에서 TV를 봐요.
→ 我不在家看电视。
　　나는 집에서 TV를 보지 않아요.

② 완료형(+과거형)

"～을 했어요"라고 할 때는 동사의 뒤에 동태조사 了 혹은 문장의 뒤에 어기조사 了를 넣어주면 됩니다.

我在家看电视。 나는 집에서 TV를 봐요.
→ 我在家看了电视。
　　나는 집에서 TV를 봤어요.
→ 我在家看电视了。
　　나는 집에서 TV를 봤어요.

동태조사는 동사 행위의 완료를 나타내며 그 동사의 동작이나 행위를 마쳤다는 뜻이며,
어기조사는 문장의 가장 끝에 쓰여 그 행위가 이미 발생했다는 과거형을 나타냅니다.

③ 의지형

"〜하고 싶다, 〜을 할 것이다"라고 표현할 때는 전치사 在의 앞에 조동사 想 또는
要를 붙이면 됩니다.

我在家看电视。 나는 집에서 TV를 봐요.
→ 我想在家看电视。
　　나는 집에서 TV를 보고 싶어요.

부정형은 조동사의 앞에 부정부사 不를 넣으면 됩니다.

我在家看电视。 나는 집에서 TV를 봐요.
→ 我不想在家看电视。
　　나는 집에서 TV를 보고 싶지 않아요.

在 A 看 B
zài A kàn B

A에서 B를 봐요

STEP 1 활용예문

我在家看电视。
Wǒ zài jiā kàn diànshì.
나는 집에서 TV를 봐요.

她在图书馆看书。
Tā zài túshūguǎn kànshū.
그녀는 도서관에서 책을 봐요.

他在办公室看报纸。
Tā zài bàngōngshì kàn bàozhǐ.
그는 사무실에서 신문을 봐요.

我在朋友家看中国电视剧了。
Wǒ zài péngyou jiā kàn Zhōngguó diànshìjù le.
나는 친구집에서 중국드라마를 봤어요.

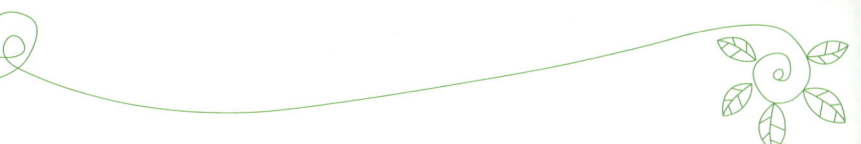

STEP 2 실전회화

● 张伟: **你上午做什么了?**

Nǐ shàngwǔ zuò shénme le?

너 오전에 뭐했니?

○ 王芳: **我在学校看中国电影了。**

Wǒ zài xuéxiào kàn Zhōngguó diànyǐng le.

나는 학교에서 중국영화를 봤어.

STEP 3 필수단어

电视	diànshì	TV(텔레비전)
图书馆	túshūguǎn	도서관
办公室	bàngōngshì	사무실
报纸	bàozhǐ	신문
电影	diànyǐng	영화
学校	xuéxiào	학교
电视剧	diànshìjù	드라마

在 A 听 B
zài A tīng B

A에서 B를 들어요

我**在**公园**听**音乐。
Wǒ zài gōngyuán tīng yīnyuè.
나는 공원에서 음악을 들어요.

她**在**学校**听**录音。
Tā zài xuéxiào tīng lùyīn.
그녀는 학교에서 녹음을 들어요.

我**在**办公室**听**广播。
Wǒ zài bàngōngshì tīng guǎngbō.
나는 사무실에서 라디오를 들어요.

他**在**家**听**妈妈的唠叨。
Tā zài jiā tīng māma de láodao.
그는 집에서 엄마의 잔소리를 들어요.

● 张伟: 你周末做什么了?

Nǐ zhōumò zuò shénme le?

너 주말에 뭐했니?

○ 王芳: 我在学校听演讲了。

Wǒ zài xuéxiào tīng yǎnjiǎng le.

나는 학교에서 강연을 들었어.

STEP 3 필수단어

公园	gōngyuán	공원
音乐	yīnyuè	음악, 뮤직
录音	lùyīn	녹음, 녹음하다
办公室	bàngōngshì	사무실, 오피스
广播	guǎngbō	라디오방송, 방송 프로그램
周末	zhōumò	주말
唠叨	láodao	끊임없이 잔소리하다
演讲	yǎnjiǎng	강연, 연설, 웅변

在 A 写 B
zài A xiě B

A에서 B를 써요

我在家写日记。
Wǒ zài jiā xiě rìjì.
나는 집에서 일기를 써요.

她在学校写作业。
Tā zài xuéxiào xiě zuòyè.
그녀는 학교에서 숙제를 해요.

我在办公室写报告。
Wǒ zài bàngōngshì xiě bàogào.
나는 사무실에서 보고서를 써요.

他在别墅写小说。
Tā zài biéshù xiě xiǎoshuō.
그는 별장에서 소설을 써요.

● 张伟: 小李正在做什么呢?

　　　 Xiǎo Lǐ zhèngzài zuò shénme ne?

　　　 샤오리는 지금 뭐하고 있니?

○ 王芳: 她在图书馆写简历呢。

　　　 Tā zài túshūguǎn xiě jiǎnlì ne.

　　　 그녀는 도서관에서 이력서를 쓰고 있어.

日记	rìjì	일기
作业	zuòyè	숙제, 과제
报告	bàogào	보고서, 리포트
别墅	biéshù	별장
正在	zhèngzài	지금…하고 있다
图书馆	túshūguǎn	도서관
简历	jiǎnlì	이력서, 약력

在 A 做 B
zài A zuò B

A에서 B를 해요

我在北京做生意。
Wǒ zài Běijīng zuò shēngyì.
나는 베이징에서 사업을 해요.

他在首尔做工作。
Tā zài Shǒu'ěr zuò gōngzuò.
그는 서울에서 일을 해요.

她在上海做买卖。
Tā zài Shànghǎi zuò mǎimai.
그녀는 상하이에서 장사를 해요.

我在公司做检查。
Wǒ zài gōngsī zuò jiǎnchá.
나는 회사에서 검사를 해요.

● 张伟:小王在做什么呢?

Xiǎo Wáng zài zuò shénme ne?

샤오왕은 지금 뭐하고 있니?

○ 王芳:他在图书馆做作业呢。

Tā zài túshūguǎn zuò zuòyè ne.

그는 도서관에서 숙제를 하고 있어.

STEP 3 필수단어

生意	shēngyì	장사, 사업, 비즈니스, 거래
工作	gōngzuò	일, 업무
公司	gōngsī	회사
买卖	mǎimai	사업, 장사, 거래
检查	jiǎnchá	검사하다

在 A 吃 B
zài A chī B

A에서 B를 먹어요

我**在**家**吃**晚饭了。
Wǒ zài jiā chī wǎnfàn le.
나는 집에서 저녁밥을 먹었어요.

她喜欢**在**咖啡馆**吃**蛋糕。
Tā xǐhuan zài kāfēiguǎn chī dàngāo.
그녀는 커피숍에서 케이크를 즐겨 먹어요.

他**在**北京**吃**过烤鸭。
Tā zài Běijīng chīguo kǎoyā.
그는 베이징에서 오리구이를 먹어본 적이 있어요.

我**在**中国餐厅**吃**中国菜了。
Wǒ zài Zhōngguó cāntīng chī zhōngguócài le.
나는 중국식당에서 중국요리를 먹었어요.

실전회화

🍎 张伟:你今天在哪儿吃饭了?

Nǐ jīntiān zài nǎr chīfàn le?

너 오늘 어디에서 밥 먹었니?

⚥ 王芳:我在北京饭店吃饭了。

Wǒ zài Běijīng fàndiàn chīfàn le.

난 오늘 베이징호텔에서 밥 먹었어.

STEP 3 필수단어

晚饭	wǎnfàn	저녁식사
咖啡馆	kāfēiguǎn	커피숍
蛋糕	dàngāo	케이크
餐厅	cāntīng	식당, 레스토랑, 음식점
烤鸭	kǎoyā	베이징 덕, 북경오리구이
饭店	fàndiàn	호텔

在 A 学 B
zài A xué B

A에서 B를 배우다

STEP 1 활용예문

我**在**首尔**学**开车了。
Wǒ zài Shǒu'ěr xué kāichē le.
나는 서울에서 운전을 배웠어요.

她**在**学校**学**书法了。
Tā zài xuéxiào xué shūfǎ le.
그녀는 학교에서 서예를 배웠어요.

他**在**巴西**学**探戈舞了。
Tā zài Bāxī xué tàngēwǔ le.
그는 브라질에서 탱고를 배웠어요.

我打算**在**公园**学**骑自行车。
Wǒ dǎsuan zài gōngyuán xué qí zìxíngchē.
나는 공원에서 자전거 타기를 배울거에요.

STEP 2 실전회화

● 张伟: 你是在哪儿学汉语的?

Nǐ shì zài nǎr xué Hànyǔ de?

넌 어디에서 중국어를 배웠니?

○ 王芳: 我是在北京学的汉语。

Wǒ shì zài Běijīng xué de Hànyǔ.

나는 베이징에서 중국어를 배웠어요.

是-的 강조구문

어떤 일이나 행위가 이미 발생했음을 강조할 때 쓰는 표현으로 문장 속에 了가 들어간 표현과 같습니다. 是-的가 쓰인 문장에는 了、过를 쓸 수 없습니다.

我去年去过北京。
= 我是去年去北京的。
= 我　去年去北京的。
= 我　去年去的北京。

STEP 3 필수단어

开车	kāichē	차를 운전하다
书法	shūfǎ	서예, 서법
探戈舞	tàngēwǔ	탱고
打算	dǎsuan	…할 작정이다, …할 계획이다
巴西	Bāxī	브라질
骑自行车	qízìxíngchē	자전거를 타다

在 A 喝 B
zài A hē B

A에서 B를 마셔요

我在家喝果汁儿。
Wǒ zài jiā hē guǒzhīr.
나는 집에서 과일즙을 마셔요.

他在学校喝牛奶了。
Tā zài xuéxiào hē niúnǎi le.
그는 학교에서 우유를 마셨어요.

我常常在咖啡馆喝咖啡。
Wǒ chángcháng zài kāfēiguǎn hē kāfēi.
나는 자주 커피숍에서 커피를 마셔요.

他现在在操场喝可乐呢。
Tā xiànzài zài cāochǎng hē kělè ne.
그는 지금 운동장에서 콜라를 마시고 있어요.

● 张伟: **你昨天干什么了?**
Nǐ zuótiān gàn shénme le?
너 어제 뭐했니?

○ 王芳: **我在酒吧喝啤酒了。**
Wǒ zài jiǔbā hē píjiǔ le.
나는 호프집에서 맥주를 마셨어.

STEP 3 필수단어

果汁儿	guǒzhīr	과일쥬스, 과일즙
牛奶	niúnǎi	우유
咖啡馆	kāfēiguǎn	커피숍, 카페
咖啡	kāfēi	커피
操场	cāochǎng	운동장
可乐	kělè	콜라
干	gàn	(일)하다
酒吧	jiǔbā	술집, 바(bar)
啤酒	píjiǔ	맥주

在 A 买 B
zài A mǎi B

A에서 B를 사요

STEP 1 활용예문

我在服装店买衣服了。
Wǒ zài fúzhuāngdiàn mǎi yīfu le.
나는 의류상점에서 옷을 샀어요.

她喜欢在街上买帽子。
Tā xǐhuan zài jiē shang mǎi màozi.
그녀는 길거리에서 모자 사는 것을 좋아해요.

我昨天在超市买了方便面。
Wǒ zuótiān zài chāoshì mǎile fāngbiànmiàn.
나는 어제 마트에서 라면을 샀어요.

他常常在百货商店买东西。
Tā chángcháng zài bǎihuòshāngdiàn mǎi dōngxi.
그는 자주 백화점에서 물건을 사요.

STEP 2 실전회화

● 张伟: 这件衣服很漂亮。

Zhè jiàn yīfu hěn piàoliang.

이 옷 정말 예쁘다.

在哪儿买的?

Zài nǎr mǎi de?

어디에서 샀니?

○ 王芳: 我在网上买的。

Wǒ zài wǎngshàng mǎi de.

나는 인터넷에서 샀어.

STEP 3 필수단어

服装店	fúzhuāngdiàn	의류상점
帽子	màozi	모자
超市	chāoshì	마트
街上	jiēshang	길거리, 노상
方便面	fāngbiànmiàn	라면
百货商店	bǎihuòshāngdiàn	백화점
东西	dōngxi	것, 물건, 사물, 물품
衣服	yīfu	옷, 의복

在 A 穿 B
zài A chuān B

A에서 B를 입다

 **STEP 1** 활용예문

我在家里穿睡衣。
Wǒ zài jiā li chuān shuìyī.
나는 집에서 잠옷을 입어요.

她在公司穿制服。
Tā zài gōngsī chuān zhìfú.
그녀는 회사에서 유니폼을 입어요.

他在学校穿校服。
Tā zài xuéxiào chuān xiàofú.
그는 학교에서 교복을 입어요.

妈妈在家里穿韩服。
Māma zài jiā li chuān Hánfú.
엄마는 집에서 한복을 입으세요.

● 张伟 : 你在办公室里穿什么衣服?

Nǐ zài bàngōngshì li chuān shénme yīfu?

너 사무실에서 무슨 옷을 입니?

○ 王芳 : 我喜欢在办公室里穿牛仔裤。

Wǒ xǐhuan zài bàngōngshì li chuān niúzǎikù.

나는 사무실에서 청바지를 입는 것을 좋아해요.

STEP 3 필수단어

睡衣	shuìyī	잠옷
制服	zhìfú	제복, 유니폼
校服	xiàofú	교복
韩服	Hánfú	한복
牛仔裤	niúzǎikù	청바지
办公室	bàngōngshì	사무실

010

在 A (的路上) 遇到了 B
zài A (de lùshang) yùdàole B

A에서(하는 길에) B를 (우연히) 만났어요

STEP 1 활용예문

我在夜店遇到了前女友。
Wǒ zài yèdiàn yùdàole qiánnǚyǒu.
난 클럽에서 전 여자친구를 만났어요.

他在澡堂遇到了老师。
Tā zài zǎotáng yùdàole lǎoshī.
그는 대중목욕탕에서 선생님을 만났어요.

我在去学校的路上遇到了小李。
Wǒ zài qù xuéxiào de lùshàng yùdàole Xiǎo Lǐ.
나는 학교 가는 길에 샤오리를 만났어요.

她在上班的路上遇到了高中同学。
Tā zài shàngbān de lùshàng yùdàole gāozhōng tóngxué.
그녀는 출근하는 길에 고등학교 동창을 만났어요.

● 张伟: 时间这么晚了, 你怎么还没回来?

Shíjiān zhème wǎn le, nǐ zěnme háiméi huílái?

시간이 이렇게 늦었는데, 왜 아직 안 오니?

○ 王芳: 我在回家的路上遇到了大学同学。

Wǒ zài huíjiā de lùshàng yùdàole dàxué tóngxué.

나는 집에 가는 길에 대학 동창을 만났어.

我正在跟他喝酒呢。

Wǒ zhèngzài gēn tā hējiǔ ne.

나 지금 걔랑 술마시고 있어.

夜店	yèdiàn	클럽
澡堂	zǎotáng	대중목욕탕
上班	shàngbān	출근하다
回家	huíjiā	집에 돌아가다

在 A 戴 B
zài A dài B

A에서 B를 착용하다

我在服装店戴了耳环。
Wǒ zài fúzhuāngdiàn dàile ěrhuán.
나는 의류상점에서 귀걸리를 찼어요.

她喜欢在街上戴帽子。
Tā xǐhuan zài jiē shang dài màozi.
그녀는 길거리에서 모자쓰는 것을 좋아해요.

我在舞会上戴了面具。
Wǒ zài wǔhuì shang dàile miànjù.
나는 무도회에서 가면을 썼어요.

他常常在教室里戴眼镜。
Tā chángcháng zài jiàoshì li dài yǎnjìng.
그는 교실에서 자주 안경을 써요.

● 张伟: 天气太冷了。你戴上脖套吧。

Tiānqì tài lěng le. Nǐ dàishàng bótào ba.

날씨가 너무 추워. 넥워머를 두르렴.

○ 王芳: 我不喜欢在室内戴脖套。

Wǒ bù xǐhuan zài shìnèi dài bótào.

나는 실내에서 넥워머 쓰는 것 싫어해.

戴	dài	(머리, 얼굴, 가슴, 팔, 손 등에) 착용하다, 쓰다, 차다, 끼다, 두르다
耳环	ěrhuán	귀걸이
帽子	màozi	모자
面具	miànjù	마스크, 가면
眼镜	yǎnjìng	안경
脖套	bótào	넥워머, 목커버
舞会	wǔhuì	무도회

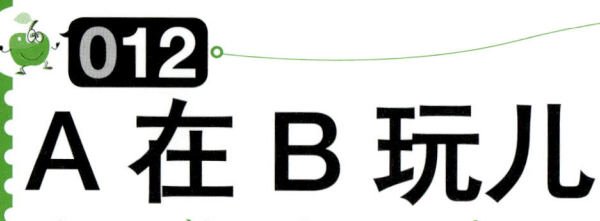

A 在 B 玩儿

A　　　zài　　B　　　wánr

A는 B에서 놀아요

 STEP 1 활용예문

我**在**网吧**玩儿**。

Wǒ zài wǎngbā wánr.

나는 PC방에서 놀아요.

他**在**朋友家**玩儿**。

Tā zài péngyou jiā wánr.

그는 친구집에서 놀아요.

他常常**在**操场**玩儿**。

Tā chángcháng zài cāochǎng wánr.

그는 자주 운동장에서 놀아요.

我们**在**游乐场**玩儿**。

Wǒmen zài yóulèchǎng wánr.

우리들은 놀이공원에서 놀아요.

○ 王芳:你现在做什么呢?

Nǐ xiànzài zuò shénme ne?

너 지금 뭐하고 있니?

● 张伟:我现在在滑雪场玩儿。

Wǒ xiànzài zài huáxuěchǎng wánr.

난 지금 스키장에서 놀고 있어.

STEP 3 필수단어

网吧	wǎngbā	PC방, 인터넷카페
朋友	péngyou	친구
操场	cāochǎng	운동장, 연병장
游乐场	yóulèchǎng	유락 공원, 유원지. 놀이동산
现在	xiànzài	지금, 현재
滑雪场	huáxuěchǎng	스키장
玩儿	wánr	놀다, 즐기다, 운동하다

在 A 打 B
zài A dǎ B

A에서 B를 하다

我在办公室打电话。
Wǒ zài bàngōngshì dǎ diànhuà.
나는 사무실에서 전화를 걸어요.

他们在操场上打棒球了。
Tāmen zài cāochǎng shang dǎ bàngqiú le.
그들은 운동장에서 야구를 했어요.

我们喜欢在体育馆打篮球。
Wǒmen xǐhuan zài tǐyùguǎn dǎ lánqiú.
우리들은 체육관에서 농구하는 걸 좋아합니다.

他常常在学校打网球。
Tā chángcháng zài xuéxiào dǎ wǎngqiú.
그는 자주 학교에서 테니스를 쳐요.

● 张伟:**你喜欢运动吗?**

Nǐ xǐhuan yùndòng ma?

너 운동 좋아하니?

○ 王芳:**不太喜欢运动。**

Bú tài xǐhuan yùndòng.

운동 별로 좋아하지 않아요.

我喜欢在家里跟朋友打麻将。

Wǒ xǐhuan zài jiā li gēn péngyou dǎ májiàng.

나는 집에서 친구랑 마작하는 걸 좋아해요.

STEP 3 필수단어

办公室	bàngōngshì	사무실
操场	cāochǎng	운동장
体育馆	tǐyùguǎn	체육관
麻将	májiàng	마작

014
A 在 B 工作
A   zài   B   gōng zuò

A는 B에서 일해요

 **STEP 1** 활용예문

我在医院工作。
Wǒ zài yīyuàn gōngzuò.
나는 병원에서 일해요.

他在学校工作。
Tā zài xuéxiào gōngzuò.
그는 학교에서 일해요.

她在银行工作。
Tā zài yínháng gōngzuò.
그녀는 은행에서 일해요.

我在贸易公司工作。
Wǒ zài màoyì gōngsī gōngzuò.
나는 무역회사에서 일해요.

○ 王芳: 大学毕业以后, 你打算做什么?

Dàxué bìyè yǐhòu, nǐ dǎsuan zuò shenme?

대학 졸업하고 너 무엇을 할 계획이니?

● 张伟: 我想在电视台工作。

Wǒ xiǎng zài diànshìtái gōngzuò.

나는 방송국에서 일 할 생각이야.

STEP 3 필수단어

医院	yīyuàn	병원
学校	xuéxiào	학교
银行	yínháng	은행
贸易	màoyì	무역, 교역, 매매
公司	gōngsī	회사
打算	dǎsuan	…할 작정이다, …할 계획이다
电视台	diànshìtái	방송국

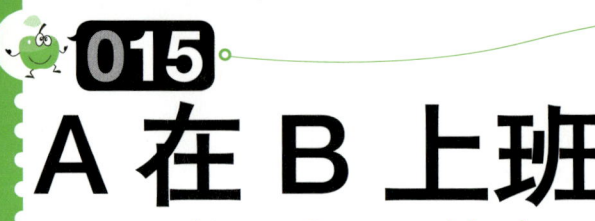

A 在 B 上班
A zài B shàngbān

A는 B에 다녀요

STEP 1 활용예문

我在博物馆上班。
Wǒ zài bówùguǎn shàngbān.
나는 박물관에 다녀요.

她仍然在旅行社上班。
Tā réngrán zài lǚxíngshè shàngbān.
그녀는 여전히 여행사에 다녀요.

我在一家贸易公司上班。
Wǒ zài yì jiā màoyì gōngsī shàngbān.
나는 한 무역회사에 다녀요.

他最近在大型超市上班。
Tā zuìjìn zài dàxíng chāoshì shàngbān.
그는 요즘 대형마트에 다녀요.

STEP 2 실전회화

王芳: 你爱人还在医院上班吗?

Nǐ àirén hái zài yīyuàn shàngbān ma?

너 아내는 아직도 병원에 다니니?

张伟: 哪儿啊! 她早就辞职了。

Nǎr a! Tā zǎojiù cízhí le.

아니야! 진작에 그만 뒀어.

STEP 3 필수단어

上班	shàngbān	출근하다, 회사에 다니다
博物馆	bówùguǎn	박물관
仍然	réngrán	여전히, 아직도
旅行社	lǚxíngshè	여행사
最近	zuìjìn	요즘, 최근
超市	chāoshì	마트
贸易	màoyì	무역
早就	zǎojiù	진작에, 일찌감치
哪儿啊	nǎr a	절대 아니야, 천만에
辞职	cízhí	사직하다, 그만두다

A 在 B 见面

A zài B jiànmiàn

A는 B에서 만나요

我们在明洞见面吧。

Wǒmen zài Míngdòng jiànmiàn ba.

우리 명동에서 만나요.

他们在学校见面。

Tāmen zài xuéxiào jiànmiàn.

그들은 학교에서 만나요.

她们在机场见面。

Tāmen zài jīchǎng jiànmiàn.

그녀들은 공항에서 만나요.

我们在公司附近见面吧。

Wǒmen zài gōngsī fùjìn jiànmiàn ba.

우리들은 회사 근처에서 만나요.

张伟: 我们在哪儿见面?

Wǒmen zài nǎr jiànmiàn?

우리 어디에서 만날까?

王芳: 我们在老地方见面吧。

Wǒmen zài lǎodìfang jiànmiàn ba.

우리 늘 만나던 곳에서 만나자.

明洞	Míngdòng	명동(지명)
吧	ba	…하자
学校	xuéxiào	학교
机场	jīchǎng	공항
哪儿	nǎr	어디
老地方	lǎodìfang	늘 만나던 장소

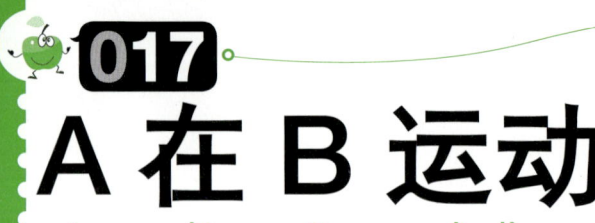

A 在 B 运动
A zài B yùndòng

A가 B에서 운동해요

STEP 1 활용예문

我在公园运动。
Wǒ zài gōngyuán yùndòng.
나는 공원에서 운동을 해요.

他常常在家运动。
Tā chángcháng zài jiā yùndòng.
그는 자주 집에서 운동해요.

我每天在操场运动。
Wǒ měitiān zài cāochǎng yùndòng.
나는 매일 운동장에서 운동해요.

她喜欢在韩江边运动。
Tā xǐhuan zài Hánjiāng biān yùndòng.
그녀는 한강가에서 운동하는 것을 좋아해요.

 실전회화

○ 王芳: 你周末做什么了?

　　　 Nǐ zhōumò zuò shénme le?

　　　 너 주말에 뭐했니?

● 张伟: 我在健身房运动了。

　　　 Wǒ zài jiànshēnfáng yùndòng le.

　　　 나는 헬스클럽에서 운동했어.

STEP 3 필수단어

公园	gōngyuán	공원
喜欢	xǐhuan	좋아하다
常常	chángcháng	자주, 종종
每天	měitiān	매일, 날마다
操场	cāochǎng	운동장
周末	zhōumò	주말
健身房	jiànshēnfáng	헬스 클럽

A 在 B 遛狗

A zài B liùgǒu

A가 B에서 개를 산책시키다

STEP 1 활용예문

我喜欢在公园遛狗。

Wǒ xǐhuan zài gōngyuán liùgǒu.

나는 공원에서 개를 산책시키는 걸 좋아해요.

我们现在在操场遛狗呢。

Wǒmen xiànzài zài cāochǎng liùgǒu ne.

우리들은 지금 운동장에서 개를 산책시키고 있어요.

孩子们打算在韩江边遛狗。

Háizimen dǎsuan zài Hánjiāng biān liùgǒu.

아이들이 한강가에서 개를 산책시킬거에요.

他们喜欢在社区里遛狗。

Tāmen xǐhuan zài shèqū li liùgǒu.

그들은 동네에서 개를 산책시키는 것을 좋아해요.

● 张伟:周末你一般做什么?

Zhōumò nǐ yìbān zuò shénme?

주말에 너 보통 뭐하니?

○ 王芳:每个周末我跟老公在公园里遛狗。

Měigè zhōumò wǒ gēn lǎogōng zài gōngyuán li liùgǒu.

매주 주말 난 남편과 공원에서 개를 산책시켜요.

遛狗	liùgǒu	개를 데리고 산책하다, 개를 산책시키다
公园	gōngyuán	공원
操场	cāochǎng	운동장, 연병장
社区	shèqū	지역사회, 아파트단지, 동네
一般	yìbān	보통이다, 일반적이다, 평범하다

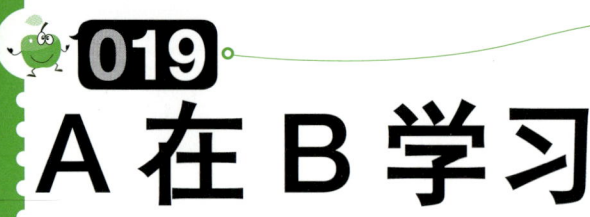

019

A 在 B 学习

A   zài   B   xuéxí

A가 B에서 공부해요

我在学校学习。
Wǒ zài xuéxiào xuéxí.
나는 학교에서 공부해요.

他常常在图书馆学习。
Tā chángcháng zài túshūguǎn xuéxí.
그는 자주 도서관에서 공부해요.

她在美国学习了。
Tā zài Měiguó xuéxí le.
그녀는 미국에서 공부했어요.

我曾经在北京学习过。
Wǒ céngjīng zài Běijīng xuéxíguo.
그녀는 이전에 베이징에서 공부한 적이 있어요.

● 张伟: 你在哪儿?

　　Nǐ zài nǎr?

　　너 어디니?

○ 王芳: 我在朋友家学习呢。

　　Wǒ zài péngyou jiā xuéxí ne.

　　나는 친구집에서 공부하고 있어.

学校	xuéxiào	학교
图书馆	túshūguǎn	도서관
常常	chángcháng	자주, 종종
朋友	péngyou	친구
曾经	céngjīng	일찍이, 이전에, 이미, 벌써

A 在 B 集合
A zài B jíhé

A가 B에서 모여요

STEP 1 활용예문

我们在地铁站集合吧。
Wǒmen zài dìtiězhàn jíhé ba.
우리 지하철 역에서 모이자.

同学们在操场集合了。
Tóngxuémen zài cāochǎng jíhé le.
학생들이 운동장에 집합했어요.

孩子们在游乐场前边集合了。
Háizimen zài yóulèchǎng qiánbiān jíhé le.
아이들이 놀이공원 앞에서 모였어요.

市民们在光华门广场集合了。
Shìmínmen zài Guānghuámén guǎngchǎng jíhé le.
시민들이 광화문광장에 모였어요.

실전회화

● 张伟: **明天早上八点半在学校集合,**
Míngtiān zǎoshang bādiǎnbàn zài xuéxiào jíhé,
내일 아침 여덟시 반에 학교에서 모일거야,

你别迟到啊!
nǐ bié chídao a!
너 늦으면 안돼!

○ 王芳: **你放心, 我一定会准时到。**
Nǐ fàngxīn, wǒ yídìng huì zhǔnshí dào.
걱정하지마, 꼭 제 시간에 갈게.

필수단어

操场	cāochǎng	운동장, 연병장
游乐场	yóulèchǎng	유락 공원, 유원지, 놀이동산
广场	guǎngchǎng	광장
迟到	chídao	지각하다, 늦다
放心	fàngxīn	안심하다, 마음을 놓다
准时	zhǔnshí	정시에, 제때에

Chapter 2 跟 ~와, ~과

跟은 중국어의 전치사 중에서 동작과 관련있는 대상을 끌어낼 때 씁니다.
오늘의 핵심 전치사 跟은 "~와, ~과, ~에게"라는 뜻입니다.

① 부정형

"~을 안 한다"라고 표현할 때는 전치사의 앞에 부정부사 不를 붙이면 됩니다.

我跟朋友看电影。 나는 친구와 영화를 봐요.
→ **我不跟朋友看电影。** 나는 친구와 영화를 보지 않아요.

② 완료형(+과거형)

"~을 했어요"라고 할 때는 동사의 뒤에 동태조사 了 혹은 문장의 뒤에 어기조사 了를 넣어주면 됩니다.

我跟朋友看电影。 나는 친구와 영화를 봐요.
→ **我跟朋友看了电影。** 나는 친구와 영화를 봤어요.
→ **我跟朋友看电影了。** 나는 친구와 영화를 봤어요.

완료의 부정형으로 "~을 안 했다"라고 표현할 때는 전치사의 앞에 부정부사 没를 붙이면 됩니다.

我跟朋友看了电影。 나는 친구와 영화를 봤어요.
→ **我没跟朋友看电影。** 나는 친구와 영화를 안 봤어요.

동태조사는 동사 행위의 완료를 나타내며 그 동사의 동작이나 행위를 마쳤다는 뜻이며,
어기조사는 문장의 가장 끝에 쓰여 그 행위가 이미 있었다는 과거형을 나타냅니다.

③ 의지형

"~하고 싶다, ~을 할 것이다"라고 표현할 때는 전치사 跟의 앞에 조동사 想 또는 要를 붙이면 됩니다.

我跟朋友看电影。 나는 친구와 영화를 봐요.
→ 我想跟朋友看电影。 나는 친구와 영화를 보고 싶어요.

부정형은 조동사의 앞에 부정부사 不를 넣으면 됩니다.

我跟朋友看电影。 나는 친구와 영화를 봐요.
→ 我不想跟朋友看电影。 나는 친구와 영화를 보고 싶지 않아요.

진행형을 나타낼 때는 跟의 앞에 부사 正在、在를 쓰면 됩니다.
예를 들면,

我跟朋友看电影。 나는 친구와 영화를 봐요.
→ 我正在跟朋友看电影。
　　나는 지금 친구와 영화를 보고 있어요.

＊전치사 跟은 和와 바꿔 쓸 수 있어요.

跟 A 去 B
gēn A qù B

A와 B에 가요

我**跟**哥哥**去**健身房了。
Wǒ gēn gēge qù jiànshēnfáng le.
나는 형과 헬스클럽에 갔어요.

我要**跟**朋友**去**看电影。
Wǒ yào gēn péngyou qù kàn diànyǐng.
나는 친구와 영화보러 갈거에요.

她**跟**爸爸一起**去**百货商店了。
Tā gēn bàba yìqǐ qù bǎihuòshāngdiàn le.
그녀는 아빠와 함께 백화점에 갔어요.

我要**跟**妹妹一起**去**服装店。
Wǒ yào gēn mèimei yìqǐ qù fúzhuāngdiàn.
나는 여동생과 함께 의류상점에 갈거에요.

● 张伟: 你一个人去中国旅游吗?

Nǐ yígèrén qù Zhōngguó lǚyóu ma?

너 혼자 중국여행가니?

○ 王芳: 我要跟姐姐一起去中国旅游。

Wǒ yào gēn jiějie yìqǐ qù Zhōngguó lǚyóu.

나는 언니랑 같이 중국여행을 갈거야.

一起	yìqǐ	함께, 더불어, 같이
健身房	jiànshēnfáng	헬스클럽
看电影	kàndiànyǐng	영화를 보다
百货商店	bǎihuòshāngdiàn	백화점
服装店	fúzhuāngdiàn	의류상점
一个人	yígèrén	한사람, 혼자
旅游	lǚyóu	여행하다, 관광하다

跟 A 来 B
gēn A lái B

A와 B에 와요

他跟女朋友来咖啡馆了。
Tā gēn nǚpéngyǒu lái kāfēiguǎn le.
그는 여자친구와 커피숍에 왔어요.

她要跟老师一起来广州。
Tā yào gēn lǎoshī yìqǐ lái Guǎngzhōu.
그녀는 선생님과 같이 광저우에 올 거예요.

我跟爷爷一起来爬山了。
Wǒ gēn yéye yìqǐ lái páshān le.
나는 할아버지와 함께 등산을 왔어요.

他要跟经理一起来工厂。
Tā yào gēn jīnglǐ yìqǐ lái gōngchǎng.
그는 사장님과 함께 공장에 올 거예요.

실전회화

● 张伟: 你一个人来西安出差吗?

Nǐ yígèrén lái Xī'ān chūchāi ma?

너는 혼자 시안에 출장을 오니?

○ 王芳: 我要跟王总一起来西安出差。

Wǒ yào gēn Wángzǒng yìqǐ lái Xī'ān chūchāi.

그는 왕사장님과 함께 서안에 출장 올거야.

STEP 3 필수단어

一起	yìqǐ	함께, 더불어, 같이
咖啡馆	kāfēiguǎn	커피숍
爬山	páshān	등산을 가다
工厂	gōngchǎng	공장
出差	chūchāi	출장가다
经理	jīnglǐ	(기업의) 경영 관리 책임자, 지배인, 사장, 매니저(manager)
王总	Wángzǒng	원래 "王总经理"에서 나온 말로 앞에 성씨를 붙이고, 뒤에 "总"자만 붙여서 불러요. 흔히 한국어의 "왕사장님"과 같은 표현이에요.

023

跟 A 看 B
gēn　A　kàn　B

A와 B를 봐요

我跟姐姐看电视剧了。

Wǒ gēn jiějie kàn diànshìjù le.

나는 누나와 드라마를 봤어요.

我跟朋友一起看电影了。

Wǒ gēn péngyou yìqǐ kàn diànyǐng le.

나는 친구와 함께 영화를 봤어요.

她要跟妈妈一起看话剧。

Tā yào gēn māma yìqǐ kàn huàjù.

그녀는 엄마와 함께 연극 볼 거에요.

我正在跟同学们一起看足球比赛。

Wǒ zhèngzài gēn tóngxuémen yìqǐ kàn zúqiú bǐsài.

나는 친구들과 함께 축구시합을 보고 있어요.

 **실전회화**

🟢 张伟: 周末你要做什么？

Zhōumò nǐ yào zuò shénme?

너 주말에 뭐할거니?

⭕ 王芳: 我要跟男朋友一起看音乐剧。

Wǒ yào gēn nánpéngyou yìqǐ kàn yīnyuèjù.

나는 남자친구와 함께 뮤지컬을 볼 거야.

STEP 3 필수단어

一起	yìqǐ	함께, 같이
电视剧	diànshìjù	드라마
话剧	huàjù	연극
正在	zhèngzài	지금…하고 있는 중이다
足球比赛	zúqiú bǐsài	축구시합
周末	zhōumò	주말
音乐剧	yīnyuèjù	뮤지컬

024

跟 A 吃 B
gēn A chī B

A와 B를 먹어요

我跟王老师吃羊肉串了。
Wǒ gēn Wáng lǎoshī chī yángròuchuàn le.
나는 왕선생님과 양꼬치를 먹었어요.

她要跟顾客一起吃早午餐。
Tā yào gēn gùkè yìqǐ chī zǎowǔcān.
그녀는 고객과 함께 브런치를 먹을거에요.

他跟中国朋友一起吃火锅了。
Tā gēn Zhōngguó péngyou yìqǐ chī huǒguō le.
나는 중국친구와 함께 훠궈를 먹었어요.

我要跟舅舅一起吃中国菜。
Wǒ yào gēn jiùjiu yìqǐ chī zhōngguócài.
나는 외삼촌과 같이 중국요리를 먹을거에요.

● 张伟:你平时跟谁吃饭?

Nǐ píngshí gēn shéi chīfàn?

너 평상시에 누구랑 같이 밥을 먹니?

○ 王芳:我平时跟小张一起吃饭。

Wǒ píngshí gēn Xiǎo Zhāng yìqǐ chīfàn.

난 평상시에 샤오짱과 함께 밥을 먹어.

一起	yìqǐ	함께, 같이, 더불어
顾客	gùkè	고객, 손님
早午餐	zǎowǔcān	브런치
舅舅	jiùjiu	외삼촌
平时	píngshí	평상시, 보통때, 평소
羊肉串	yángròuchuàn	양꼬치구이
火锅	huǒguō	훠꿔(한국의 신선로와 비슷한 중국음식으로 샤브샤브라고 생각하면 돼요.)

025

跟 A 喝 B
gēn A hē B

A와 B를 마셔요

 STEP 1 활용예문

我**跟**女朋友**喝**咖啡了。
Wǒ gēn nǚpéngyou hē kāfēi le.
나는 여자친구와 커피를 마셨어요.

我要**跟**金老板一起**喝**茶。
Wǒ yào gēn Jīn lǎobǎn yìqǐ hē chá.
나는 김사장님과 함께 차를 마실거에요.

我**跟**姥姥一起**喝**粥了。
Wǒ gēn lǎolao yìqǐ hē zhōu le.
나는 외할머니와 죽을 마셨어요.

她正在**跟**队友们一起**喝**饮料。
Tā zhèngzài gēn duìyǒumen yìqǐ hē yǐnliào.
그녀는 지금 팀원들과 함께 음료수를 마시고 있어요.

● 张伟: 下班后, 你打算做什么?

　　Xiàbān hòu, nǐ dǎsuan zuò shénme?

　　퇴근하고 너 뭐 할거니?

○ 王芳: 我要跟同事们一起喝啤酒。

　　Wǒ yào gēn tóngshìmen yìqǐ hē píjiǔ.

　　나는 직장동료들과 함께 맥주를 마실거야.

一起	yìqǐ	함께, 같이, 더불어
老板	lǎobǎn	사장, 상점주인
姥姥	lǎolao	외할머니, 외조모
正在	zhèngzài	지금…하고 있는 중이다
队友	duìyǒu	팀원, 멤버, 일원
粥	zhōu	죽
饮料	yǐnliào	음료
下班	xiàbān	퇴근하다
打算	dǎsuan	…할 작정이다, …할 계획이다
同事	tóngshì	직장동료

026

跟 A 学 B
gēn A xué B

A에게 B를 배워요

我**跟**爸爸**学**开车了。
Wǒ gēn bàba xué kāichē le.
나는 아빠에게 운전을 배웠어요.

我要**跟**张老师**学**汉语。
Wǒ yào gēn Zhāng lǎoshī xué Hànyǔ.
나는 장선생님께 중국어를 배울 거에요.

我**跟**朋友**学**了骑自行车。
Wǒ gēn péngyou xuéle qí zìxíngchē.
나는 친구에게 자전거 타는 법을 배웠어요.

她想**跟**王老师**学**书法。
Tā xiǎng gēn Wáng lǎoshī xué shūfǎ.
그녀는 왕선생님께 서예를 배우고 싶어요.

 **STEP 2** 실전회화

🍏 张伟:暑假的时候, 你做什么了?

Shǔjià de shíhou, nǐ zuò shénme le?

여름방학 때, 너 뭐했니?

⭕ 王芳:我跟韩国朋友学做泡菜了。

Wǒ gēn Hánguó péngyou xué zuò pàocài le.

나는 한국친구에게 김치만드는 법을 배웠어.

🍏 **STEP 3** 필수단어

开车	kāichē	운전하다, 차를 몰다
汉语	Hànyǔ	중국어
骑	qí	(자전거, 말, 오토바이 등을)타다
自行车	zìxíngchē	자전거
书法	shūfǎ	서예
暑假	shǔjià	여름방학
…的时候	…deshíhou	…할 때
泡菜	pàocài	김치

跟 A 骑 B

gēn　A　qí　B

A와 B(자전거, 오토바이 등을)를 타요

STEP 1 활용예문

我**跟**男朋友**骑**自行车了。
Wǒ gēn nánpéngyou qí zìxíngchē le.
나는 남자친구와 자전거를 탔어요.

我**跟**妈妈**骑**摩托车了。
Wǒ gēn māma qí mótuōchē le.
나는 엄마와 오토바이를 탔어요.

我打算**跟**妹妹**骑**马。
Wǒ dǎsuan gēn mèimèi qímǎ.
나는 여동생과 말을 탈 계획이에요.

她想**跟**爷爷**骑**骆驼。
Tā xiǎng gēn yéye qí luòtuó.
그녀는 할아버지와 낙타를 타고 싶어요.

张伟: 你每天坐地铁上下班吗?

Nǐ měitiān zuò dìtiě shàngxiàbān ma?

너 매일 지하철을 타고 출퇴근하니?

王芳: 我每天跟老公骑电动车上下班。

Wǒ měitiān gēn lǎogōng qí diàndòngchē shàngxiàbān.

나는 매일 남편과 전동차를 타고 출퇴근을 해.

自行车	zìxíngchē	자전거
摩托车	mótuōchē	오토바이
打算	dǎsuan	…할 작정이다, …할 계획이다
骆驼	luòtuó	낙타
地铁	dìtiě	지하철
老公	lǎogōng	남편
电动车	diàndòngchē	전동차, 전기자전거
上下班	shàngxiàbān	출퇴근

跟 A 坐 B
gēn A zuò B

A와 B(교통수단을)를 타다

STEP 1 활용예문

我**跟**爸爸**坐**火车了。
Wǒ gēn bàba zuò huǒchē le.
나는 아빠와 기차를 탔어요.

她**跟**同学们**坐**出租车了。
Tā gēn tóngxuémen zuò chūzūchē le.
그녀는 학교친구들과 택시를 탔어요.

她想**跟**李老师**坐**高铁。
Tā xiǎng gēn Lǐ lǎoshī zuò gāotiě.
그녀는 이선생님과 고속열차를 탈 생각이에요.

我打算**跟**女朋友**坐**游船。
Wǒ dǎsuan gēn nǚpéngyou zuò yóuchuán.
나는 여자친구와 유람선을 탈 계획이에요.

STEP 2 실전회화

● 张伟: 你是坐什么去北京的?

　　　Nǐ shì zuò shénme qù Běijīng de?

　　　너 뭘 타고 베이징에 갔니?

○ 王芳: 我是坐飞机去北京的。

　　　Wǒ shì zuò fēijī qù Běijīng de.

　　　나는 비행기를 타고 베이징에 갔어.

STEP 3 필수단어

火车	huǒchē	기차
出租车	chūzūchē	택시
高铁	gāotiě	고속열차
游船	yóuchuán	유람선
飞机	fēijī	비행기

tip

주요 교통수단

公共汽车 gōnggòngqìchē, 公交车 gōngjiāochē, 巴士 bāshì (대중교통)버스
地铁 dìtiě 지하철

81

A 跟 B 见面

A   gēn   B   jiànmiàn

A가 B와 만나요

STEP 1 활용예문

我跟朋友见面。
Wǒ gēn péngyou jiànmiàn.
나는 친구와 만나요.

我要跟王老板见面。
Wǒ yào gēn Wáng lǎobǎn jiànmiàn.
나는 왕사장님을 만날거에요.

我跟李老师见面了。
Wǒ gēn Lǐ lǎoshī jiànmiàn le.
나는 이선생님과 만났어요.

她没跟小李见面。
Tā méi gēn Xiǎo Lǐ jiànmiàn.
그녀는 샤오리와 만나지 않았어요.

 **실전회화**

🍏 张伟: **你晚上有事吗?**
Nǐ wǎnshàng yǒushì ma?
너 저녁에 할 일 있니?

⭕ 王芳: **我要跟张经理见面。**
Wǒ yào gēn Zhāng jīnglǐ jiànmiàn.
나는 장사장님을 만날거야.

🍏 STEP 3 **필수단어**

老板	lǎobǎn	사장, 상점주인
老师	lǎoshī	선생님, 교사
晚上	wǎnshàng	저녁, 밤
有事	yǒushì	일이 있다, 용무가 있다
经理	jīnglǐ	(기업의) 경영 관리 책임자, 지배인, 사장, 매니저(manager)

A 跟 B 玩儿

A   gēn   B   wánr

A는 B와 놀아요

我跟她玩儿。
Wǒ gēn tā wánr.
나는 그녀와 놀아요.

他跟朋友一起玩儿。
Tā gēn péngyou yìqǐ wánr.
그는 친구와 함께 놀아요.

她常常跟中国朋友玩儿。
Tā chángcháng gēn Zhōngguó péngyou wánr.
그녀는 자주 중국친구와 놀아요.

爸爸跟孩子们一起玩儿。
Bàba gēn háizimen yìqǐ wánr.
아빠는 아이들과 함께 놀아요.

○ 王芳:你现在做什么呢?

Nǐ xiànzài zuò shénme ne?

너 지금 뭐하고 있니?

● 张伟:我现在跟我儿子玩儿。

Wǒ xiànzài gēn wǒ érzi wánr.

난 지금 우리 아들과 놀고 있어.

STEP 3 필수단어

一起	yìqǐ	함께, 같이, 더불어
孩子	háizi	아이, 얘, 아들과 딸
儿子	érzi	아들
*女儿	nǚ'ér	딸
现在	xiànzài	지금, 현재
玩儿	wánr	놀다, 즐기다, 운동하다
朋友	péngyou	친구

A 跟 B 联系

A　gēn　B　liánxì

A가 B와(에게) 연락해요

我跟老师联系了。
Wǒ gēn lǎoshī liánxì le.
난 선생님과 연락했어요.

她要跟朋友联系。
Tā yào gēn péngyou liánxì.
그녀는 친구에게 연락하려고 해요.

我想跟哥哥联系。
Wǒ xiǎng gēn gēgē liánxì.
난 형과 연락하고 싶어요.

我没跟律师联系。
Wǒ méi gēn lǜshī liánxì.
나는 변호사와 연락하지 않았어요.

● 张伟: 我该走了。这是我的手机号。
Wǒ gāi zǒu le. Zhè shì wǒ de shǒujīhào.
난 가야겠어. 내 휴대폰 번호야.

常联系吧。
Cháng liánxì ba.
자주 연락하자!

○ 王芳: 好, 谢谢。 常跟你联系吧。 拜拜。
Hǎo, xièxiè. Cháng gēn nǐ liánxì ba. Bàibài.
좋아, 고마워. 자주 연락할게. 바이바이.

老师	lǎoshī	선생님
联系	liánxì	연락하다
律师	lǜshī	변호사
该…了	gāi…le	(마땅히) …해야 한다
手机号	shǒujīhào	휴대폰 번호
拜拜	bàibài	바이바이(bye-bye), 안녕!

A 跟 B 逛街

A gēn B guàngjiē

A는 B와 쇼핑을 해요

STEP 1 활용예문

我跟姐姐逛街。
Wǒ gēn jiějie guàngjiē.
나는 언니랑 쇼핑을 해요.

她跟朋友逛街了。
Tā gēn péngyou guàngjiē le.
그녀는 친구와 쇼핑을 했어요.

他要跟妈妈逛街。
Tā yào gēn māma guàngjiē.
그는 엄마와 쇼핑을 할거에요.

我喜欢跟女朋友逛街。
Wǒ xǐhuan gēn nǚpéngyou guàngjiē.
나는 여자친구와 쇼핑하는 것을 좋아해요.

● 张伟:周末你做什么了?

Zhōumò nǐ zuò shénme le?

주말에 너 뭐했니?

○ 王芳:我跟中国朋友逛街了。

Wǒ gēn Zhōngguó péngyou guàngjiē le.

난 중국친구랑 쇼핑을 했어.

逛街	guàng jiē	길거리를 한가로이 거닐며 구경하다, 아이쇼핑하다
跟	gēn	…와…과 / 따라가다, 뒤따르다, 붙다
姐姐	jiějie	언니, 누나
朋友	péngyou	친구
周末	zhōumò	주말

033

A 跟 B 约好
A　gēn　B　yuēhǎo

A가 B와 약속을 해요

我跟她约好了今天见面。
Wǒ gēn tā yuēhǎole jīntiān jiànmiàn.
나는 그녀와 오늘 만나기로 약속했어요.

我跟朋友约好了今晚一起吃饭。
Wǒ gēn péngyou yuēhǎole jīnwǎn yìqǐ chīfàn.
친구와 오늘 저녁에 함께 식사하기로 약속했어요.

我没跟他约好见面。
Wǒ méi gēn tā yuēhǎo jiànmiàn.
나는 그와 만나기로 약속하지 않았어요.

爸爸跟儿子约好了一起去游乐园。
Bàba gēn érzi yuēhǎole yìqǐ qù yóulèyuán.
아빠는 아들과 함께 놀이공원에 가기로 약속했어요.

 **STEP 2** 실전회화

○ 王芳: 今天是星期日, 你来学校干吗?

Jīntiān shì xīngqīrì, nǐ lái xuéxiào gànmá?

오늘은 일요일인데, 학교에 뭣하러 왔니?

● 张伟: 我跟丽丽约好了一起做作业。

Wǒ gēn Lìlì yuēhǎole yìqǐ zuò zuòyè.

나는 리리와 함께 리포트쓰기로 약속했어.

STEP 3 필수단어

游乐园	yóulèyuán	놀이공원
儿子	érzi	아들
今晚	jīnwǎn	오늘 저녁(= 今天晚上의 약자)
一起	yìqǐ	함께, 같이
干吗	gànmá	뭐해? 무엇을 하는가?
做作业	zuò zuòyè	숙제를 하다, 리포트를 쓰다

034
A 跟 B 打听
A　　gēn　B　dǎting

A가 B에게 문의하다

STEP 1 활용예문

我要跟经理打听一下。
Wǒ yào gēn jīnglǐ dǎting yíxià.
나는 사장님에게 좀 알아보려고 해요.

我跟专家打听过。
Wǒ gēn zhuānjiā dǎtingguo.
나는 전문가에게 문의한 적 있어요.

他已经跟服务台打听了。
Tā yǐjing gēn fúwùtái dǎtingle.
그는 이미 프론트데스크에 알아봤어요.

我想跟她打听一下。
Wǒ xiǎng gēn tā dǎting yíxià.
난 그녀에게 문의를 좀 하고 싶어요.

♂ 王芳:我想跟你打听一下。

Wǒ xiǎng gēn nǐ dǎting yíxià.

문의를 좀 드리고 싶습니다.

● 张伟:没问题。什么事? 请说。

Méiwèntí. Shénme shì? Qǐng shuō.

좋아요. 무슨일이죠? 말씀하세요.

经理	jīnglǐ	책임자, 매니저, 관리자, 사장
专家	zhuānjiā	전문가
服务台	fúwùtái	프론트데스크, 안내데스크
一下	yíxià	동사 뒤에 쓰여 '좀…하다'의 뜻을 나타낸다.

035
A 跟 B 吵架
A　　gēn　　B　　chǎojià

A가 B와 말다툼을 해요

STEP 1 활용예문

她跟他吵架了。
Tā gēn tā chǎojià le.
그녀는 그와 말다툼을 했어요.

她跟邻居吵架了。
Tā gēn línjū chǎojià le.
그녀는 이웃집과 말다툼을 했어요.

我没跟朋友吵架。
Wǒ méi gēn péngyou chǎojià.
나는 친구와 말다툼 안 했어요.

他没跟同事吵架。
Tā méi gēn tóngshì chǎojià.
그는 직장동료와 말다툼 안 했어요.

○ 王芳 : 你又跟老婆吵架了吗?

Nǐ yòu gēn lǎopó chǎojià le ma?

너 또 아내랑 말다툼했니?

隔壁的人都听见了。

Gébì de rén dōu tīngjiànle.

이웃 사람들도 다 들었어.

● 张伟 : 不好意思, 真丢脸。

Bùhǎoyìsi, zhēn diūliǎn.

미안해. 정말 체면이 말이 아니구나.

STEP 3 필수단어

邻居	línjū	이웃 사람, 이웃집
同事	tóngshì	직장동료
老婆	lǎopó	아내, 마누라, 처, 집사람
隔壁	gébì	이웃집, 옆집, 이웃
丢脸	diūliǎn	창피 당하다, 망신이다, 쪽 팔리다
吵架	chǎojià	말다툼

036
A 跟 B 解释

A gēn B jiěshì

A가 B에게 설명해요

STEP 1 활용예문

我要跟她解释。

Wǒ yào gēn tā jiěshì.

나는 그녀에게 설명할거에요.

我跟爸爸解释了。

Wǒ gēn bàba jiěshì le.

난 아빠에게 설명했어요.

她没跟经理解释。

Tā méi gēn jīnglǐ jiěshì.

그녀는 사장님께 해명하지 않았어요.

他要跟老师和家长解释。

Tā yào gēn lǎoshī hé jiāzhǎng jiěshì.

그는 선생님과 학부모에게 해명하려고 해요.

STEP 2　실전회화

○ 王芳: 如果你的女友和好朋友同时掉进水里了，

Rúguǒ nǐ de nǚyǒu hé hǎopéngyou tóngshí diàojìn shuǐlǐ le,

만약에 네 여친 이랑 너랑 가장 친한 친구가 동시에 물에 빠지면

你会先救谁？

Nǐ huì xiān jiù shéi?

넌 누구를 먼저 구할거야?

● 张伟: 你先跟我解释一下他们为什么在一起。

Nǐ xiān gēn wǒ jiěshì yíxià tāmen wèishénme zàiyìqǐ.

왜 걔들 둘이 함께 있는지 먼저 설명을 좀 해봐.

STEP 3　필수단어

经理	jīnglǐ	책임자, 지배인, 관리자, 사장, 매니저
家长	jiāzhǎng	학부모, 가장
同时	tóngshí	동시에
先	xiān	우선, 먼저
救	jiù	구출하다, 구하다
掉	diào	떨어지다, 빠지다

037
A 跟 B 和好
A　gēn　B　héhǎo

A가 B와 화해해요

STEP 1 활용예문

我跟他和好了。
Wǒ gēn tā héhǎo le.
나는 그와 화해했어요.

我已经跟同屋和好了。
Wǒ yǐjing gēn tóngwū héhǎo le.
나는 이미 룸메이트와 화해했어요.

我还没跟男朋友和好。
Wǒ hái méi gēn nánpéngyou héhǎo.
나는 아직 남자친구랑 화해 안 했어요.

她要跟老公和好。
Tā yào gēn lǎogōng héhǎo.
그녀는 남편과 화해하려고 해요.

○ 王芳: 你跟女朋友和好了吗?

Nǐ gēn nǚpéngyou héhǎo le ma?

너 여자친구와 화해했니?

● 张伟: 没有, 她连理都不想理我, 怎么办?

Méiyǒu, tā lián lǐ dōu bù xiǎng lǐ wǒ, zěnmebàn?

아니, 걔는 날 아예 상대 조차 안 해줘, 어떡하지?

同屋	tóngwū	룸 메이트 (=室友 shìyǒu)
老公	lǎogōng	남편
理	lǐ	상대하다, 거들떠보다
怎么办	zěnmebàn	어떡하지?
连 A 都不想 A	lián A dōu bùxiǎng A	A를 하려고 조차 들지 않는다, 아예 A를 안 한다

예 连看都不想看
아예 보려고 조차 들지 않는다

038

A 跟 B 一样

A gēn B yíyàng

A와 B가 똑같아요

 STEP 1 활용예문

我跟他一样。
Wǒ gēn tā yíyàng.
나는 그와 같아요.

我的书跟你的书一样。
Wǒ de shū gēn nǐ de shū yíyàng.
내 책과 당신의 책은 같아요.

哥哥跟弟弟一样高。
Gēge gēn dìdi yíyàng gāo.
형은 동생과 키가 똑같이 커요.

这件衣服跟那件衣服价格一样贵。
Zhè jiàn yīfu gēn nà jiàn yīfu jiàgé yíyàng guì.
이 옷과 저 옷의 가격은 똑같이 비싸요.

○ 王芳: 你觉得哪个更好看?

Nǐ juéde nǎ gè gèng hǎokàn?

넌 어떤 것이 더 예쁘다고 생각하니?

● 张伟: 黑色的跟白色的一样好看。

Hēisè de gēn báisè de yíyàng hǎokàn.

검은색과 흰색 똑같이 예뻐.

一样	yíyàng	같다, 동일하다, 한 가지이다
衣服	yīfu	옷, 의복
价格	jiàgé	가격
贵	guì	비싸다
觉得	juéde	…라고 느끼다, …라고 생각하다
哪个	nǎgè	어느 것
好看	hǎokàn	보기 좋다, 예쁘다

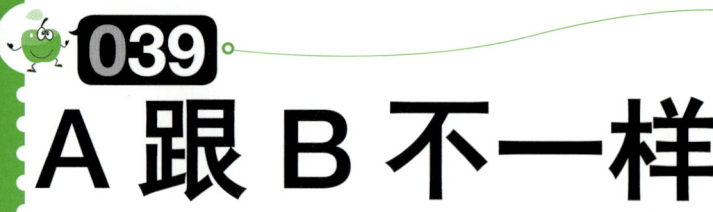

039
A 跟 B 不一样
A　　gēn　　B　　bù yíyàng

A와 B가 달라요

STEP 1　활용예문

我跟他不一样。
Wǒ gēn tā bù yíyàng.
나는 그와 달라요.

哥哥跟弟弟工作不一样。
Gēge gēn dìdi gōngzuò bù yíyàng.
형과 동생의 직업은 달라요.

我的车跟他的车不一样。
Wǒ de chē gēn tā de chē bù yíyàng.
내 차와 그의 차는 같아요.

上海跟北京的人口不一样。
Shànghǎi gēn Běijīng de rénkǒu bù yíyàng.
상하이와 베이징의 인구는 달라요.

STEP 2 실전회화

○ 王芳: **左边的跟右边的价格一样吗?**

Zuǒbiān de gēn yòubiān de jiàgé yíyàng ma?

왼쪽 것과 오른쪽 것은 가격은 같니?

● 张伟: **左边的跟右边的价格不一样。**

Zuǒbiān de gēn yòubiān de jiàgé bù yíyàng.

왼쪽 것과 오른쪽 것의 가격은 달라요.

STEP 3 필수단어

工作	gōngzuò	직업, 일자리, 일하다
人口	rénkǒu	인구
左边	zuǒbiān	왼쪽
右边	yòubiān	오른쪽
价格	jiàgé	가격

040

A 跟 B 差不多

A　　gēn　　B　　chàbuduō

A와 B는 비슷해요

STEP 1 활용예문

我跟他水平差不多。

Wǒ gēn tā shuǐpíng chàbuduō.

나는 그의 수준은 비슷해요.

我跟她年龄差不多。

Wǒ gēn tā niánlíng chàbuduō.

나는 그녀와 나이가 비슷해요.

她说话的声音跟妈妈差不多。

Tā shuōhuà de shēngyīn gēn māma chàbuduō.

그녀가 말하는 소리는 엄마와 비슷해요.

这件衣服的质量跟那件衣服差不多。

Zhè jiàn yīfu de zhìliàng gēn nà jiàn yīfu chàbuduō.

이 옷의 품질은 그 옷과 비슷해요.

실전회화

○ 王芳: 你们俩谁说的普通话更好?

Nǐmen liǎ shéi shuō de Pǔtōnghuà gèng hǎo?

너희 둘 중에 누가 보통어를 더 잘하니?

● 张伟: 我跟小龙差不多, 半斤八两。

Wǒ gēn Xiǎo Lóng chàbuduō, bànjīn bāliǎng.

나와 원리랑 비슷해, 도토리 키재기야.

필수단어

年龄	niánlíng	연령, 나이, 연세
俩	liǎ	둘, 두 사람
差不多	chàbuduō	비슷하다, 큰 차이가 없다
质量	zhìliàng	품질, 질
声音	shēngyīn	소리, 목소리
半斤八两	bànjīn bāliǎng	겨 묻은 개가 똥 묻은 개를 나무란다, 피차일반이다, 도토리 키재기이다
普通话	Pǔtōnghuà	현대 중국 표준어로 베이징 어음을 표준음으로 하고 북방방언을 기초어휘로 삼으며, 모범적인 현대 백화문학작품을 어법의 규범으로 하는 현대 중국 표준어.

041

A 跟 B 开玩笑

A　　gēn　　B　　kāiwánxiào

A는 B와 농담을 해요

STEP 1 활용예문

我在跟你开玩笑。

Wǒ zài gēn nǐ kāiwánxiào.

나는 너에게 농담하고 있잖아.

我不想跟你开玩笑。

Wǒ bù xiǎng gēn nǐ kāiwánxiào.

나는 너랑 농담하고 싶지 않아.

她老跟我开玩笑。

Tā lǎo gēn wǒ kāiwánxiào.

그녀는 맨날 나에게 농담을 해.

我没有心思跟你开玩笑。

Wǒ méi yǒu xīnsī gēn nǐ kāiwánxiào.

나 너랑 농담할 기분 아니야.

● 张伟:这次考试你又不及格了?

Zhè cì kǎoshì nǐ yòu bù jígé le?

너 이번 시험 또 불합격이니?

○ 王芳:我心情不好,

Wǒ xīnqíng bù hǎo,

나 기분 안 좋거든,

不想跟你开玩笑。

bù xiǎng gēn nǐ kāiwánxiào.

너랑 농담하고 싶지 않아.

开玩笑	kāiwánxiào	농담하다, 웃기다, 놀리다
老	lǎo	늘, 언제나, 항상
又	yòu	또, 다시, 거듭
不想	bùxiǎng	…하고 싶지 않다
心思	xīnsī	마음, 기분, (= 心情 xīnqíng)
及格	jígé	합격하다
不及格	bùjígé	불합격하다

107

042
A 跟 B 打招呼

A　gēn　B　dǎzhāohu

A가 B와 인사해요

 STEP 1 활용예문

我跟他们打招呼了。
Wǒ gēn tāmen dǎzhāohu le.
나는 그들과 아는체 했어요.

老师微笑着跟同学们打招呼。
Lǎoshī wēixiàozhe gēn tóngxuémen dǎzhāohu.
선생님은 웃으면서 학생들과 인사를 나눠요.

他只是点头跟我打招呼了。
Tā zhǐshì diǎntóu gēn wǒ dǎzhāohu le.
그는 고개만 끄덕이며 나에게 인사를 했어요.

她跟商店里的销售员打招呼了。
Tā gēn shāngdiàn li de xiāoshòuyuán dǎzhāohu le.
그녀는 상점의 판매원과 인사를 했어요.

● 张伟:丽丽刚才跟你打招呼,

Lìlì gāngcái gēn nǐ dǎzhāohu,

리리가 방금 너에게 인사를 했는데,

你怎么不理她呀?

nǐ zěnme bù lǐ tā ya?

너 어째서 그녀를 모른체하니?

○ 王芳:真的吗? 我没看见, 她在哪儿?

Zhēndema? Wǒ méi kànjiàn, tā zài nǎr?

정말이야? 난 못 봤어, 걔 어디 있어?

STEP 3 필수단어

打招呼	dǎzhāohu	(말이나 행동으로) 인사하다
微笑	wēixiào	미소를 짓다, 웃다
亲切	qīnqiè	친절하다, 다정하다
销售员	xiāoshòuyuán	판매원
不理	bùlǐ	모른 체 하다, 상대하지 않다
点头	diǎntóu	고개를 끄덕이다

043

A 跟 B 过不去

A　　gēn　　B　　guòbuqù

A가 B를 괴롭혀요

STEP 1 활용예문

别跟他过不去。
Bié gēn tā guòbuqù.
그를 난처하게 좀 하지마.

他老跟我过不去。
Tā lǎo gēn wǒ guòbuqù.
그는 늘 나를 괴롭혀요.

老天总是跟我过不去。
Lǎotiān zǒngshì gēn wǒ guòbuqù.
하늘은 맨날 나를 괴롭혀.
(일이 뜻대로 되지 않는다는 뜻)

经理每天跟我过不去。
Jīnglǐ měitiān gēn wǒ guòbuqù.
사장님은 늘 나를 못살게 굴어요.

● 张伟: **看来你今天心情不好啊。**

Kànlái nǐ jīntiān xīnqíng bù hǎo a.

오늘 너 기분이 안 좋은 것 같은데.

○ 王芳: **我本来打算今天去钓鱼,**

Wǒ běnlái dǎsuan jīntiān qù diàoyú,

원래 오늘 낚시 가려고 했는데,

没想到突然下大雨, 老天总是跟我过不去啊。

méixiǎngdào tūrán xià dàyǔ, lǎotiān zǒngshì gēn wǒ guòbuqù a.

뜻밖에도 갑자기 폭우가 내려서 말이지. 하늘도 무심하지.

过不去	guòbuqù	괴롭히다, 못살게 굴다
老天	lǎotiān	하늘, 하느님
看来	kànlái	보아하니, 보기에…하다
心情	xīnqíng	기분, 감정
本来	běnlái	본래, 원래
钓鱼	diàoyú	낚시하다
没想到	méixiǎngdào	생각하지 못하다, 뜻밖에도
突然	tūrán	갑자기, 난데없이, 문득

044

A 跟 B 谈恋爱

A　　gēn　　B　　tánliàn'ài

A가 B와 연애를 해요

我跟她谈恋爱。

Wǒ gēn tā tánliàn'ài.

그녀는 대학동기와 사귀어요.

她跟大学同学谈恋爱。

Tā gēn dàxué tóngxué tánliàn'ài.

그녀는 대학동기와 사귀어요.

我没有跟空姐谈恋爱。

Wǒ méi yǒu gēn kōngjiě tánliàn'ài.

난 스튜어디스와 사귀지 않았어요.

他要跟一位女警官谈恋爱。

Tā yào gēn yí wèi nǚjǐngguān tánliàn'ài.

그는 한 여 경찰관과 연애를 하려고 해요.

○ 王芳: 听说你和丽丽分手了, 真的吗?

Tīngshuō nǐ hé Lìlì fēnshǒu le, zhēnde ma?

듣자 하니 너 리리와 헤어졌다면서, 사실이니?

● 张伟: 谁说的? 我还在跟她谈恋爱呢。

Shéi shuō de? Wǒ hái zài gēn tā tánliàn'ài ne.

누가 그래? 난 여전히 그녀와 연애 중이야.

STEP 3 필수단어

空姐	kōngjiě	여승무원, 스튜어디스
警官	jǐngguān	경찰관
听说	tīngshuō	듣자 하니, …라고 들었다
分手	fēnshǒu	헤어지다
仍然	réngrán	여전히, 아직도

045
A 和 B 成正比
A　hé　B　chéngzhèngbǐ

A와 B가 정비례해요

STEP 1 활용예문

学习的时间和成绩成正比。
Xuéxí de shíjiān hé chéngjì chéngzhèngbǐ.
공부한 시간과 성적은 정비례해요.

付出的努力和成果成正比。
Fùchū de nǔlì hé chéngguǒ chéngzhèngbǐ.
투자한 시간과 성과를 정비례해요.

学历和收入不一定成正比。
Xuélì hé shōurù bù yídìng chéngzhèngbǐ.
학력과 수입이 꼭 정비례하는 건 아니에요.

价格和质量不一定成正比。
Jiàgé hé zhìliàng bù yídìng chéngzhèngbǐ.
가격과 품질이 꼭 정비례하진 않아요.

● 张伟: 我的笔记本电脑又出故障了。

Wǒ de bǐjìběndiànnǎo yòu chū gùzhàng le.

내 노트북이 또 고장이 났어.

○ 王芳: 品牌的知名度和质量不一定成正比。

Pǐnpái de zhīmíngdù hé zhìliàng bù yídìng chéngzhèngbǐ.

브랜드의 지명도와 품질이 꼭 정비례하는 건 아니야.

成正比	chéngzhèngbǐ	정비례한다
付出	fùchū	(돈이나 대가를) 지급하다, 내주다, 지불하다, 들이다, 바치다
学历	xuélì	학력,
收入	shōurù	수입, 소득
不一定	bùyídìng	반드시…한 것은 아니다
出故障	chūgùzhàng	고장이 나다
品牌	pǐnpái	브랜드, 상표
知名度	zhīmíngdù	지명도
质量	zhìliàng	품질

046
A 和 B 有天壤之别

A hé B yǒu tiānrǎngzhībié

A와 B는 하늘과 땅 차이에요

STEP 1 활용예문

希望和现实有着天壤之别。

Xīwàng hé xiànshí yǒuzhe tiānrǎngzhībié.

희망과 현실은 하늘과 땅 차이에요.

哥哥和弟弟的性格有着天壤之别。

Gēge hé dìdi de xìnggé yǒuzhe tiānrǎngzhībié.

형과 동생의 성격은 정말 차이가 커요.

我老婆和我的理想型有天壤之别。

Wǒ lǎopó hé wǒ de lǐxiǎngxíng yǒu tiānrǎngzhībié.

내 아내와 내 이상형은 천양지차예요.

"能做"和"做到了"有着天壤之别。

"Néngzuò" hé "zuòdàole" yǒuzhe tiānrǎngzhībié.

"할 수 있다"와 "해냈다"는 하늘과 땅 차이에요.

STEP 2 실전회화

● 张伟: 进入新公司以后, 你工作做得怎么样?

Jìnrù xīngōngsī yǐhòu, nǐ gōngzuò zuò de zěnmeyàng?

새 회사에 들어간 후에, 너 일하는 건 좀 어떻니?

○ 王芳: 挺好的!

Tǐng hǎo de!

정말 좋아!

新公司和以前的公司有天壤之别。

Xīngōngsī hé yǐqiánde gōngsī yǒu tiānrǎngzhībié.

새 회사는 옛 회사와 하늘과 땅 차이야.

STEP 3 필수단어

天壤之别	tiānrǎngzhībié	차이가 아주 크다, 하늘과 땅의 차이, 천양지차
希望	xīwàng	바라다, 희망하다, 희망, 소망
现实	xiànshí	현실
性格	xìnggé	성격
公司	gōngsī	회사
以前	yǐqián	이전, 예전에
理想型	lǐxiǎngxíng	이상형
老婆	lǎopó	아내, 마누라, 부인

Chapter 3　给 ~에게

给는 중국어의 전치사 중에서 동작 행위의 대상을 끌어내주는 전치사입니다. 오늘의 핵심 전치사 给는 "~에게, ~를 향해"라는 뜻으로 동작행위를 받는 수여자를 끌어내 줍니다.

① 부정형

"~을 안 한다"라고 표현할 때는 전치사의 앞에 부정부사 不를 붙이면 됩니다.

我给他写信。 나는 그에게 편지를 써요.
→ 我不给他写信。 나는 그에게 편지를 안 써요.

② 완료형(+과거형)

"~을 했어요"라고 할 때는 동사의 뒤에 동태조사 了 혹은 문장의 뒤에 어기조사 了를 넣어주면 됩니다.

我给他写信。 나는 그에게 편지를 써요.
→ 我给他写了信。 나는 그에게 편지를 썼어요.
→ 我给他写信了。 나는 그에게 편지를 썼어요.

완료의 부정형으로 "~을 안 했다"라고 표현할 때는 전치사의 앞에 부정부사 没를 붙이면 됩니다.

我给他写了信。 나는 그에게 편지를 썼어요.
→ 我没给他写信。 나는 그에게 편지를 안 썼어요.

동태조사는 동사 행위의 완료를 나타내며 그 동사의 동작이나 행위를 마쳤다는 뜻이며,
어기조사는 문장의 가장 끝에 쓰여 그 행위가 이미 있었다는 과거형을 나타냅니다.

③ 의지형

"〜하고 싶다, 〜을 할 작정이다"라고 표현할 때는 전치사 给의 앞에 조동사 想 또는 要를 붙이면 됩니다.

我给他写信。 나는 그에게 편지를 써요.
→ 我想给他写信。 나는 그에게 편지를 쓸 생각이에요.

부정형은 조동사의 앞에 부정부사 不를 넣으면 됩니다.

我想给他写信。 나는 그에게 편지를 쓸거에요.
→ 我不想给他写信。 나는 그에게 편지를 쓰고 싶지 않아요.

진행형을 나타낼 때는 给의 앞에 부사 正在、在를 쓰면 됩니다.
예를 들면,

我给他写信。 나는 그에게 편지를 써요.
→ 我正在给他写信。
　 나는 지금 그에게 편지를 쓰고 있어요.

047

给 A 讲 B
gěi A jiǎng B

A에게 B를 말하다

STEP 1 활용예문

我给你讲故事吧。
Wǒ gěi nǐ jiǎng gùshi ba.
내가 너에게 이야기 해줄게.

他给我讲一个段子了。
Tā gěi wǒ jiǎng yí gè duànzi le.
그가 나에게 에피소드를 한 토막 얘기해줬어요.

她给我讲一个笑话了。
Tā gěi wǒ jiǎng yí gè xiàohuà le.
그녀가 나에게 재미있는 이야기를 해줬어요.

我给你讲一个爱情故事吧。
Wǒ gěi nǐ jiǎng yí gè àiqíng gùshi ba.
내가 너에게 러브스토리 하나 얘기해줄게.

tip
给 대신 跟이라고도 쓸 수 있어요.
我跟你讲이라고 말하면 "내가 너에게 말하겠는데"라는 뜻이 됩니다.

○ 王芳:你有什么高兴的事儿吗?

Nǐ yǒu shénme gāoxìng de shìr ma?

너 무슨 좋은 일 있니?

● 张伟:过来吧, 我给你讲一个笑话吧。

Guòlái ba, wǒ gěi nǐ jiǎng yí gè xiàohuà ba.

이리 와 봐. 내가 너에게 우스운 이야기 하나 해줄게.

STEP 3 필수단어

故事	gùshi	이야기, 줄거리, 옛날이야기
段子	duànzi	한 단락, 한 토막
笑话	xiàohuà	우스운 이야기, 우스갯소리, 유머
爱情	àiqíng	사랑

048

给 A 当 B

gěi A dāng B

A에게 B가 되어요

STEP 1 활용예문

我**给**你**当**导游吧。
Wǒ gěi nǐ dāng dǎoyóu ba.
내가 너에게 여행가이드가 되어줄게.

我**给**你**当**辅导老师吧。
Wǒ gěi nǐ dāng fǔdǎo lǎoshī ba.
내가 너에게 과외선생님이 되어줄게.

我**给**你**当**保镖吧。
Wǒ gěi nǐ dāng bǎobiāo ba.
내가 너에게 보디가드가 되어줄게.

我**给**你**当**摄影师吧。
Wǒ gěi nǐ dāng shèyǐngshī ba.
내가 너에게 사진사가 되어줄게.

○ 王芳: 今天我心情不好,
Jīntiān wǒ xīnqíng bù hǎo,
오늘 나 기분이 안 좋아,

你能带我去海边吗?
nǐ néng dài wǒ qù hǎibiān ma?
나 좀 바닷가에 데려다 줄 수 있니?

● 张伟: 行, 今天我给你当司机吧。
Xíng, jīntiān wǒ gěi nǐ dāng sījī ba.
그래, 오늘은 내가 너에게 운전기사가 되어줄게.

STEP 3 　필수단어

导游	dǎoyóu	여행가이드
辅导	fǔdǎo	학습을 도우며 지도하다
保镖	bǎobiāo	보디가드, 경호원
心情	xīnqíng	기분, 감정
海边	hǎibiān	바닷가, 해변
司机	sījī	운전기사

给 A 买 B
gěi A mǎi B

A에게 B를 사줘요

他给我买了一件衣服。
Tā gěi wǒ mǎile yí jiàn yīfu.
그는 나에게 옷을 한 벌 사줬어요.

他给女朋友买了一顶帽子。
Tā gěi nǚpéngyou mǎile yì dǐng màozi.
그는 여자친구에게 모자를 하나 사줬어요.

爸爸给我买了一辆汽车。
Bàba gěi wǒ mǎile yí liàng qìchē.
아빠가 내게 차를 한 대 사주었어요.

我想给我老公买一条领带。
Wǒ xiǎng gěi wǒ lǎogōng mǎi yì tiáo lǐngdài.
나는 남편에게 넥타이를 하나 사줄 생각이에요.

● 张伟: 你打算和现在的男朋友结婚吗?

Nǐ dǎsuan hé xiànzài de nánpéngyou jiéhūn ma?

너 지금 남자친구랑 결혼할 계획이니?

○ 王芳: 谁说的?　我不跟他结婚。

Shéi shuō de? Wǒ bù gēn tā jiéhūn.

누가 그래?　　나 걔랑 결혼 안 해.

除非他给我买一颗钻戒。

Chúfēi tā gěi wǒ mǎi yì kē zuànjiè.

혹시 나한테 다이아반지라도 사준다면 몰라도.

帽子	màozi	모자
领带	lǐngdài	넥타이
打算	dǎsuan	…할 작정이다, …할 계획이다
谁说的	shéishuōde	누가 그래? 누가 그러는데?
除非	chúfēi	오직…하여야(비로소), …한다면 몰라도
钻戒	zuànjiè	다이아몬드 반지

给 A 倒 B
gěi A dào B

A에게 B를 따라요

 **STEP 1** 활용예문

我给你倒茶吧。
Wǒ gěi nǐ dào chá ba.
내가 너에게 차를 따라줄게.

他给我倒酒。
Tā gěi wǒ dào jiǔ.
그는 나에게 술을 따라줘요.

她给朋友们倒饮料。
Tā gěi péngyoumen dào yǐnliào.
그녀는 친구들에게 음료수를 따라요.

你给老师倒点开水吧。
Nǐ gěi lǎoshī dào diǎn kāishuǐ ba.
선생님께 끓인 물을 좀 따라드리렴.

○ 王芳: 我们一起喝杯酒吧。

Wǒmen yìqǐ hē bēi jiǔ ba.

우리 같이 술 한잔 하자.

● 张伟: 好的。我给你倒酒吧。

Hǎode. Wǒ gěi nǐ dào jiǔ ba.

좋아. 내가 술 따라줄게.

倒	dào	따르다, 붓다, 쏟다
茶	chá	차
饮料	yǐnliào	음료수
开水	kāishuǐ	끓인 물
杯	bēi	잔
喝酒	hējiǔ	술을 마시다

051

给 A 捎 B
gěi A shāo B

A에게 B를 전해줘요

STEP 1 활용예문

请你给她捎个话。
Qǐng nǐ gěi tā shāo gè huà.
그녀에게 말 좀 전해줘요.

替我给王老师捎个问候。
Tì wǒ gěi Wáng lǎoshī shāo gè wènhòu.
나 대신 왕 선생님께 안부 좀 전해줘요.

请你代我给他捎个礼物。
Qǐng nǐ dài wǒ gěi tā shāo gè lǐwù.
나 대신 그에게 선물 하나 전해줘.

麻烦你帮我给李先生捎个信。
Máfan nǐ bāng wǒ gěi Lǐ xiānsheng shāo gè xìn.
죄송한데요 이 선생님께 편지 좀 전해줘요.

○ 王芳: **你明天去北京出差,**

Nǐ míngtiān qù Běijīng chūchāi,

내일 베이징에 출장 가잖아,

顺便帮我给张科长捎个文件, 好吗?

shùnbiàn bāng wǒ gěi Zhāng kēzhǎng shāo gè wénjiàn, hǎo ma?

대신 장 과장님께 서류 하나만 전해줄래요?

● 张伟: **那当然, 没问题。**

Nà dāngrán, méiwèntí.

그럼 당연하지, 문제없어.

STEP 3 필수단어

捎	shāo	가는 김에 지니고 가다, 인편에 보내다
替	tì	…을 위하여, …때문에
问候	wènhòu	안부를 묻다, 문안 드리다
麻烦	máfan	귀찮게 하다, 성가시다, 번거롭다
出差	chūchāi	출장 가다
顺便	shùnbiàn	…하는 김에, 겸사겸사
文件	wénjiàn	문건, 서류
当然	dāngrán	당연하다, 물론이다

052

给 A 介绍 B

gěi A jièshào B

A에게 B를 소개해요

 **STEP 1 활용예문**

我**给**大家**介绍**一下。

Wǒ gěi dàjiā jièshào yíxià.

제가 여러분께 소개를 좀 할게요.

我**给**你**介绍**一个朋友吧。

Wǒ gěi nǐ jièshào yí gè péngyou ba.

내가 너에게 친구 한 명 소개해줄게.

你能**给**我**介绍**一本书吗?

Nǐ néng gěi wǒ jièshào yì běn shū ma?

너 나에게 책 한 권 추천해줄 수 있니?

他**给**我**介绍**一位老师了。

Tā gěi wǒ jièshào yí wèi lǎoshī le.

그는 나에게 선생님을 한 분 소개해 줬어요.

● 张伟: 你能给我介绍一下北京好玩儿的地方吗?

Nǐ néng gěi wǒ jièshào yíxià Běijīng hǎowánr de dìfang ma?

너 나에게 베이징의 재미있는 곳 좀 소개 해 줄 수 있니?

○ 王芳: 没问题,

Méiwèntí,

좋아. 그러자.

我已经去过北京很多次了。

wǒ yǐjing qùguo Běijīng hěn duō cì le.

난 이미 베이징에 여러 번 가봤잖아.

介绍	jièshào	소개하다, 추천하다, 안내하다
好玩儿	hǎowánr	재미있다. 흥미 있다, 놀기 좋다
地方	dìfang	장소, 곳
没问题	méiwèntí	문제없다, 자신 있다, 확신하다
=那还用说	nàháiyòngshuō	말할 것도 없지! 그렇고 말고! 말할 필요가 있냐?
已经	yǐjing	이미, 벌써

给 A 带来 B

gěi A dàilái B

A에게 B를 가져와요

 **STEP 1** 활용예문

她给我带来了面包。

Tā gěi wǒ dàiláile miànbāo.

그녀는 내게 빵을 가져왔어요.

我给你带来了一些东西。

Wǒ gěi nǐ dàiláile yì xiē dōngxi.

내가 너에게 물건을 좀 가져왔어.

手机给人们带来了很多方便。

Shǒujī gěi rénmen dàiláile hěn duō fāngbiàn.

휴대폰은 사람들에게 많은 편리함을 가져왔어요.

读书能给你带来快乐。

Dúshū néng gěi nǐ dàilái kuàilè.

독서는 당신에게 즐거움을 가져올 수 있어요.

● 张伟: 听说你刚搬家,

Tīngshuō nǐ gāng bānjiā,

너 막 이사했다고 들었는데,

现在需要什么?

xiànzài xūyào shénme?

지금 뭐 필요하니?

○ 王芳: 什么都不要,

Shénme dōu búyào,

아무것도 필요 없어.

朋友们已经给我带来了很多东西。

péngyoumen yǐjing gěi wǒ dàiláile hěn duō dōngxī.

친구들이 이미 나에게 많은 것들을 가져왔어.

STEP 3 필수단어

面包	miànbāo	빵
手机	shǒujī	휴대전화
方便	fāngbiàn	편리하다
听说	tīngshuō	듣자(하)니, 듣건대
搬家	bānjiā	이사하다, 집을 옮기다
需要	xūyào	필요하다, 요구하다

054

给 A 推荐 B

gěi　A　tuījiàn　B

A에게 B를 추천해요

STEP 1 활용예문

我给你推荐一本书吧。

Wǒ gěi nǐ tuījiàn yì běn shū ba.

내가 너에게 책 한 권 추천할게.

我给你推荐一家不错的餐厅吧。

Wǒ gěi nǐ tuījiàn yì jiā búcuò de cāntīng ba.

내가 너에게 괜찮은 식당 한 곳 추천할게.

教授给我推荐了一份工作。

Jiàoshòu gěi wǒ tuījiànle yí fèn gōngzuò.

교수님이 나에게 일자리를 하나 추천해줬어요.

请你给我推荐一部新电影吧。

Qǐng nǐ gěi wǒ tuījiàn yí bù xīndiànyǐng ba.

나에게 새 영화 한 편 추천해주세요.

실전회화

○ 服务员 : 先生, 你要点什么菜?

Xiānshēng, nǐ yào diǎn shénme cài?

손님, 무엇을 시키시겠습니까?

● 张伟 : 我第一次来北京,

Wǒ dìyīcì lái Běijīng,

처음으로 베이징에 왔어요.

麻烦你给我推荐一个特色菜吧。

máfan nǐ gěi wǒ tuījiàn yí gè tèsècài ba.

저에게 제일 잘하는 요리 하나 추천해주세요.

STEP 3 필수단어

教授	jiàoshòu	교수, 가르치다, 전수하다
推荐	tuījiàn	추천하다, 소개하다
餐厅	cāntīng	식당, 레스토랑, 음식점
点菜	diǎncài	요리를 시키다, 주문하다
第一次	dìyīcì	처음으로, 첫 번째
特色菜	tèsècài	특색요리, 가장 잘하는 요리

055
A 给 B 留言
A　　gěi　　B　　liúyán

A가 B에게 메시지를 남겨요

 **STEP 1 활용예문**

我给他留言。
Wǒ gěi tā liúyán.
나는 그에게 메시지를 남겨요.

她给小龙留言了。
Tā gěi Xiǎo Lóng liúyán le.
그녀는 샤오롱에게 메시지를 남겼어요.

请你给她留言吧。
Qǐng nǐ gěi tā liúyán ba.
그녀에게 메시지를 남겨주세요.

他还没给她留言。
Tā hái méi gěi tā liúyán.
그는 그녀에게 아직 메시지를 안 남겼어요.

● 张伟:喂, 你好。 小刘在吗?

Wéi, nǐ hǎo. Xiǎo Liú zài ma?

여보세요. 안녕. 샤오리우 있니?

○ 王芳:小刘不在。 你给他留言吧。

Xiǎo Liú bú zài. Nǐ gěi tā liúyán ba.

샤오리우 없어. 그에게 메시지를 남겨.

请	qǐng	…하세요
还没	háiméi	아직…하지 않다
喂	wéi	(전화상에서) 여보세요
吧	ba	…하자, (권유의 어감을 전달해요.)

A 给 B 泼冷水

A　　gěi　　B　　pōlěngshuǐ

A가 B에게 찬물을 끼얹었다

他常常给我们泼冷水。

Tā chángcháng gěi wǒmen pōlěngshuǐ.

그는 자주 우리에게 찬물을 끼얹었어요.

不要给我的热情泼冷水。

Búyào gěi wǒ de rèqíng pōlěngshuǐ.

내 열정에 찬물을 끼얹었지 마라.

她动不动就给男朋友泼冷水。

Tā dòngbúdòng jiù gěi nánpéngyou pōlěngshuǐ.

그녀는 툭하면 남자친구에게 찬물을 끼얹었어요.

他从来没有给我泼过冷水。

Tā cónglái méi yǒu gěi wǒ pōguolěngshuǐ.

그는 여태껏 나에게 찬물을 끼얹은 적이 없어요.

● 张伟: 靠你的水平, 你能做到吗?

Kào nǐ de shuǐpíng, nǐ néng zuòdào ma?

네 실력으로 너 해낼 수 있겠어?

○ 王芳: 不要给我泼冷水。

Búyào gěi wǒ pōlěngshuǐ.

찬물 끼얹지 마.

我绝对有把握。

Wǒ juéduì yǒu bǎwò.

난 확실히 자신 있어.

热情	rèqíng	열정적이다, 친절하다, 다정하다
动不动就	dòngbúdòngjiù	툭하면, 걸핏하면
靠	kào	기대다, …에 달려있다
绝对	juéduì	절대로, 완전히, 반드시
把我	bǎwò	가망, 자신, 믿음, 가능성
从来	cónglái	여때껏, 지금까지

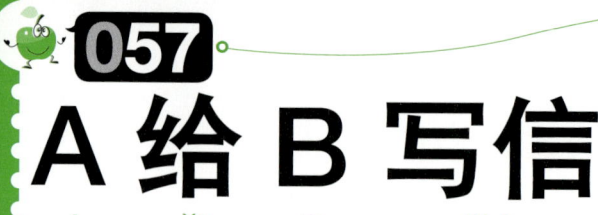

057
A 给 B 写信

A　　gěi　　B　　xiěxìn

A가 B에게 편지를 써요

STEP 1 활용예문

我给她写信。
Wǒ gěi tā xiěxìn.
나는 그녀에게 편지를 써요.

我常常给女朋友写信。
Wǒ chángcháng gěi nǚpéngyou xiěxìn.
나는 자주 여자친구에게 편지를 써요.

她上个星期给爸爸写信了。
Tā shànggèxīngqī gěi bàba xiěxìn le.
그녀는 지난 주에 아빠에게 편지를 썼어요.

我从来都没有给妈妈写过信。
Wǒ cónglái dōu méiyǒu gěi māma xiěguoxìn.
나는 여태껏 엄마에게 편지를 써 본 적이 없어요.

● 张伟:你在做什么呢?

Nǐ zài zuò shénme ne?

너 지금 뭐하고 있니?

○ 王芳:明天我男朋友过生日。

Míngtiān wǒ nánpéngyou guò shēngrì.

내일은 남자친구의 생일이야.

我正在给他写信呢。

Wǒ zhèngzài gěi tā xiěxìn ne.

나는 지금 그에게 편지를 쓰고 있어.

常常	chángcháng	자주, 종종
从来	cónglái	여태껏, 종래, 지금까지
过生日	guò shēngrì	생일을 쇠다, 생일 파티를 하다
星期	xīngqī	주, 요일
正在	zhèngzài	지금(한창)…하고 있다

143

A 给 B 做菜

A　gěi　B　zuòcài

A가 B에게 요리를 해주다

STEP 1 활용예문

我给你做菜吧。
Wǒ gěi nǐ zuòcài ba.
내가 너에게 요리해줄게.

女朋友给我做菜了。
Nǚpéngyou gěi wǒ zuòcài le.
여자친구는 나에게 요리를 해줬어요.

她从来没给我做过菜。
Tā cónglái méi gěi wǒ zuòguocài.
그녀는 여태껏 나에게 요리를 해준 적이 없어요.

她常常给我们做菜。
Tā chángcháng gěi wǒmen zuòcài.
그녀는 자주 우리에게 요리를 해줘요.

 **STEP 2** 실전회화

● 张伟:**你会做中国菜吗?**

Nǐ huì zuò zhōngguócài ma?

너 중국요리 할 줄 아니?

○ 王芳:**那还用说。**

Nà háiyòngshuō.

당연하지.

我喜欢给朋友们做中国菜。

Wǒ xǐhuan gěi péngyoumen zuò zhōngguócài.

나는 친구들에게 중국요리 해주는 걸 좋아해.

STEP 3 필수단어

从来	cónglái	여태껏, 지금까지
那还用说	nàháiyòngshuō	말할 것도 없지! 그렇고 말고! 말할 필요가 있냐?
喜欢	xǐhuan	좋아하다, 기뻐하다, 즐기다

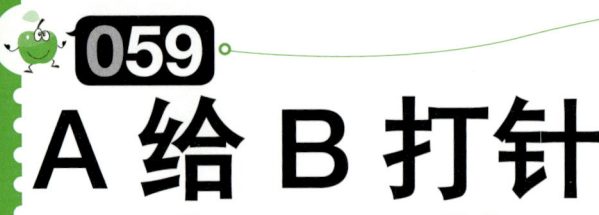

A 给 B 打针
A　gěi　B　dǎzhēn

A가 B에게 주사를 놓다

STEP 1 활용예문

我给她打针。
Wǒ gěi tā dǎzhēn.
나는 그녀에게 주사를 놔요.

护士给患者打针了。
Hùshì gěi huànzhě dǎzhēnle.
간호사가 환자에게 주사를 놨어요.

大夫没给我打针。
Dàifu méi gěi wǒ dǎzhēn.
의사는 나에게 주사를 놓지 않았어요.

她常常给妈妈打针。
Tā chángcháng gěi māma dǎzhēn.
그녀는 자주 엄마에게 주사를 놔요.

STEP 2 실전회화

● 张伟: 听说你感冒了, 身体怎么样?

Tīngshuō nǐ gǎnmào le, shēntǐ zěnmeyàng?

너 감기걸렸다면서 몸 어때?

○ 王芳: 医生给我打针了。

Yīshēng gěi wǒ dǎzhēn le.

의사가 나에게 주사를 놔줬어.

现在好多了。

Xiànzài hǎo duō le.

지금은 훨씬 좋아졌어.

STEP 3 필수단어

患者	huànzhě	환자
大夫	dàifu	의사
医生	yīshēng	의사, 의원
听说	tīngshuō	듣자하니, …라도 들었다
感冒	gǎnmào	감기에 걸리다

060
A 给 B 寄包裹
A　　gěi　　B　　jìbāoguǒ

A가 B에게 소포를 보내요

STEP 1 활용예문

我给女朋友寄包裹。
Wǒ gěi nǚpéngyou jìbāoguǒ.
나는 여자친구에게 소포를 부쳐요.

我还没给同学们寄包裹。
Wǒ hái méi gěi tóngxuémen jìbāoguǒ.
나는 아직 친구들에게 소포를 부치지 않았어요.

妈妈常常给在中国留学的儿子寄包裹。
Māma chángcháng gěi zài Zhōngguó liúxué de érzi jìbāoguǒ.
엄마는 외국에서 유학하는 아들에게 자주 소포를 부쳐요.

女儿要给在上海工作的爸爸寄包裹。
Nǚ'ér yào gěi zài Shànghǎi gōngzuò de bàba jìbāoguǒ.
딸은 상하이에서 일하시는 아빠에게 소포를 부치려고 해요.

 STEP 2 실전회화

● 张伟: 你干吗买这么多东西?

Nǐ gànmá mǎi zhème duō dōngxi?

너 어째서 물건을 이렇게 많이 사니?

○ 王芳: 我打算给当兵的男朋友寄包裹。

Wǒ dǎsuan gěi dāngbīng de nánpéngyou jìbāoguǒ.

난 군대 간 남자친구에게 소포를 부칠 계획이야.

STEP 3 필수단어

留学	liúxué	유학하다
干吗	gànmá	무엇 때문에, 어째서, 왜
打算	dǎsuan	…할 작정이다, …하려고 하다
当兵	dāngbīng	군대에 가다, 군인이 되다, 입대하다

061

A 给 B 发短信
A　gěi　B　fāduǎnxìn

A가 B에게 문자를 보내요

STEP 1 활용예문

我要给他发短信。
Wǒ yào gěi tā fāduǎnxìn.
나는 그에게 문자를 할 거에요.

我马上给你发短信。
Wǒ mǎshàng gěi nǐ fāduǎnxìn.
내가 금방 너에게 문자 할게.

他没给我发短信。
Tā méi gěi wǒ fāduǎnxìn.
그는 나에게 문자를 보내지 않았어요.

她已经给我们发短信了。
Tā yǐjing gěi wǒmen fāduǎnxìn le.
그녀는 이미 우리들에게 문자를 보냈어요.

● 张伟: 喂, 你好!

Wéi, nǐhǎo!

여보세요. 안녕.

明天四点钟我们要开会。你知道吗?

Míngtiān sìdiǎnzhōng wǒmen yào kāihuì. Nǐ zhīdào ma?

내일 4시에 우리 회의를 하는데, 알고 있니?

○ 王芳: 对不起, 我现在接电话不方便。

Duìbuqǐ, wǒ xiànzài jiēdiànhuà bù fāngbiàn.

미안해. 나 지금 통화하기 곤란해.

请你给我发短信吧。

Qǐng nǐ gěi wǒ fāduǎnxìn ba.

나에게 문자 보내줘.

STEP 3 필수단어

马上	mǎshàng	즉시, 바로, 금방
喂	wéi	여보세요
开会	kāihuì	회의를 열다
接电话	jiēdiànhuà	전화를 받다
方便	fāngbiàn	편리하다

062

A 给 B 拍照片

A　　gěi　　B　　pāizhàopiàn

A가 B에게 사진을 찍어요

 **STEP 1 활용예문**

我给你们拍照片吧。
Wǒ gěi nǐmen pāizhàopiàn ba.
내가 너희들 사진 찍어줄게.

爸爸给女儿拍照片。
Bàba gěi nǚ'ér pāizhàopiàn.
아빠가 딸 아이에게 사진을 찍어줘요.

老公给老婆拍照片。
Lǎogōng gěi lǎopó pāizhàopiàn.
남편이 아내에게 사진을 찍어줘요.

她常常给我们拍照片。
Tā chángcháng gěi wǒmen pāizhàopiàn.
그녀는 자주 우리에게 사진을 찍어줘요.

실전회화

● 张伟: 谢谢你给我们拍照片。

Xièxie nǐ gěi wǒmen pāi zhàopiàn.

우리에게 사진을 찍어줘서 고마워.

○ 王芳: 你太客气了。

Nǐ tài kèqi le.

천만에!

STEP 3 필수단어

老公	lǎogōng	남편, 신랑
老婆	lǎopó	마누라, 아내
客气	kèqi	예의를 차리다, 예의바르다

063

A 给 B 打电话

A   gěi   B   dǎdiànhuà

A가 B에게 전화해요

STEP 1 활용예문

我给你打电话吧。
Wǒ gěi nǐ dǎdiànhuà ba.
내가 너에게 전화할게.

我没给她打电话。
Wǒ méi gěi tā dǎdiànhuà.
나는 그녀에게 전화하지 않았어요.

你别再给我打电话了。
Nǐ bié zài gěi wǒ dǎdiànhuà le.
너 다신 나에게 전화하지 마.

你赶紧给他打电话吧。
Nǐ gǎnjǐn gěi tā dǎdiànhuà ba.
너 얼른 그에게 전화해봐.

STEP 2 실전회화

● 张伟: 你今天见到了张经理吗?

Nǐ jīntiān jiàndàole Zhāng jīnglǐ ma?

너 오늘 장사장님 봤니?

○ 王芳: 没见到, 你给他打电话吧。

Méijiàndào, nǐ gěi tā dǎdiànhuà ba.

못 봤어. 너 그에게 전화해봐.

STEP 3 필수단어

别	bié	…하지 마라
赶紧	gǎnjǐn	서둘러, 재빨리, 황급히, 얼른, 어서
见到	jiàndào	만나다
经理	jīnglǐ	책임자, 지배인, 사장, 매니저

A 给 B 穿小鞋

A　gěi　B　chuānxiǎoxié

A가 B를 못살게 굴어요

STEP 1 활용예문

她给我穿小鞋。
Tā gěi wǒ chuānxiǎoxié.
그녀는 나를 못살게 굴어요.

他老给小龙穿小鞋。
Tā lǎo gěi Xiǎo Lóng chuānxiǎoxié.
그는 늘 샤오룽을 골탕먹여요.

不要给我穿小鞋。
Búyào gěi wǒ chuānxiǎoxié.
나 좀 괴롭히지 말아요.

上司常常给我穿小鞋。
Shàngsī chángcháng gěi wǒ chuānxiǎoxié.
직장상사가 나를 자주 괴롭혀요.

실전회화

张伟:怎么了? 你瘦了。

Zěnmele? Nǐ shòu le.

왜 그래? 너 야위었어.

王芳:经理总是给我穿小鞋。

Jīnglǐ zǒngshì gěi wǒ chuānxiǎoxié.

사장이 맨날 나를 괴롭혀,

别提多难受了!

Biétíduō nánshòu le!

얼마나 괴로운지 말도 마!

STEP 3 필수단어

穿小鞋	chuānxiǎoxié	못살게 굴다, 괴롭히다, 해코지하다, 물먹이다, 골탕먹이다
上司	shàngsī	상급자, 상사, 상관
怎么了	zěnmele	무슨 일이야? 어떻게 된 거야?
瘦	shòu	마르다, 야위다
经理	jīnglǐ	사장님, 매니저, 책임자, 관리자
别提多…了	biétíduō…le	얼마나…한지 말도 말아요. (정도가 매우 심하다)
难受	nánshòu	슬프다, 괴롭다, 답답하다

A 给 B 添麻烦

A   gěi   B   tiānmáfan

A가 B에게 폐를 끼쳐요

我常常给他添麻烦。
Wǒ chángcháng gěi tā tiānmáfan.
나는 자주 그에게 신세를 져요.

不要给别人添麻烦。
Búyào gěi biérén tiānmáfan.
다른 사람을 귀찮게 하지 마세요.

我又给您添麻烦了。
Wǒ yòu gěi nín tiānmáfan le.
제가 또 폐를 끼쳤네요.

我不想给他添麻烦。
Wǒ bù xiǎng gěi tā tiānmáfan.
난 그에게 폐를 끼치고 싶지 않아요.

● 张伟:我给你添麻烦了, 真不好意思。

Wǒ gěi nǐ tiānmáfanle, zhēn bùhǎoyìsi.

내가 폐만 많이 끼쳤구나. 정말 미안해.

○ 王芳:谁跟谁呀, 别客气!

Shéigēnshéi ya, biékèqì!

우리가 어떤 사이인데, 괜찮아!

添	tiān	보태다, 더하다, 증가하다, 덧붙이다
麻烦	máfan	귀찮다, 성가시다, 번거롭다
又	yòu	또, 다시
不好意思	bùhǎoyìsi	죄송합니다, 미안합니다
谁跟谁呀	shéigēnshéi ya	우리가 누구냐!, 우리가 어떤 사이인데!
别客气	biékèqi	괜찮아요, 예의차리지 마세요, 사양하지 마세요

Chapter 4　对 ～에 대해

对는 중국어의 전치사 중에서 동작 행위의 대상을 끌어내주는 전치사로 "～에게, ～에 대하여, ～에 대해"라는 뜻입니다.

① 강조형

"매우～하다"라고 표현할 때는 동사의 앞에 정도부사 很을 잘 붙입니다.

他对我好。 그는 나에게 잘 해요.
→ 他对我很好。
   그는 나에게 아주 잘해요.

我对中国文化感兴趣。 나는 중국문화에 관심이 있어요.
→ 我对中国文化很感兴趣。
   나는 중국문화에 아주 관심이 많아요.

부사 很을 쓸 때는 문장의 끝에 了를 쓰면 안 돼요.

② 부정형

"～을 안 하다"라고 표현할 때는 동사의 앞에 부정부사 不를 잘 붙입니다.

他对我很好。 그는 나에게 아주 잘 해요.
→ 他对我不好。
   그는 나에게 잘 못해요.

我对中国文化感兴趣。 나는 중국문화에 관심이 있어요.
→ 我对中国文化不感兴趣。
　　나는 중국문화에 관심이 없어요.

③ 완료형

"～을 했다"라고 표현할 때는 동사의 뒤에 동태조사 了를 잘 붙입니다.

我对这里不习惯。 나는 이곳이 익숙하지 않아요.
→ 我对这里已经习惯了。
　　나는 이미 이곳에 익숙해졌어요.

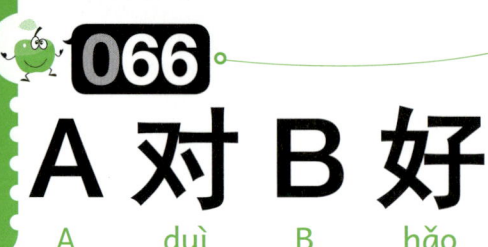

066
A 对 B 好
A duì B hǎo

A는 B에게 잘해요

STEP 1 활용예문

男朋友对我很好。
Nánpéngyou duì wǒ hěn hǎo.
남자친구는 나에게 정말 잘해줘요.

医生对病人很好。
Yīshēng duì bìngrén hěn hǎo.
의사선생님이 환자에게 아주 친절하세요.

老师对学生很好。
Lǎoshī duì xuéshēng hěn hǎo.
선생님께서 학생에게 아주 잘 해주세요.

经理对员工不太好。
Jīnglǐ duì yuángōng bú tài hǎo.
사장님은 직원들에게 그다지 잘해주진 않아요.

STEP 2 실전회화

● 张伟: 你在北京过得怎么样?

Nǐ zài Běijīng guò de zěnmeyàng?

너 베이징에서 어떻게 지내니?

○ 王芳: 过得很愉快。

Guò de hěn yúkuài.

아주 즐겁게 지내고 있어.

朋友们都对我很好。

péngyoumen dōu duì wǒ hěn hǎo.

친구들이 모두 다 나에게 아주 잘해줘.

STEP 3 필수단어

医生	yīshēng	의사
病人	bìngrén	환자
经理	jīnglǐ	사장님, 매니저, 책임자
员工	yuángōng	직원, 종업원
留学	liúxué	유학하다
愉快	yúkuài	유쾌하다, 즐겁다

A 对 B 满意

A   duì   B   mǎnyì

A는 B에 만족해요

 **STEP 1 활용예문**

我对结果很满意。
Wǒ duì jiéguǒ hěn mǎnyì.
나는 결과에 아주 만족해요.

她对工作很满意。
Tā duì gōngzuò hěn mǎnyì.
그녀는 일에 아주 만족해요

他对成绩不满意。
Tā duì chéngjì bù mǎnyì.
그는 성적에 만족하지 않아요.

我对条件不太满意。
Wǒ duì tiáojiàn bú tài mǎnyì.
나는 조건에 별로 만족하지 않아요.

○ 王芳: **你喜欢你的工作吗?**

Nǐ xǐhuan nǐ de gōngzuò ma?

넌 네 직업을 좋아하니?

● 张伟: **虽然工作累、 薪水又不高,**

Suīrán gōngzuò lèi、xīnshuǐ yòu bù gāo,

비록 일은 힘들고 월급도 많지는 않지만,

但我对工作很满意。

dàn wǒ duì gōngzuò hěn mǎnyì.

난 일에 아주 만족해.

STEP 3 필수단어

满意	mǎnyì	만족하다, 만족스럽다, 흡족하다
结果	jiéguǒ	결과, 결실, 결론
条件	tiáojiàn	조건, 상황
工作	gōngzuò	일, 작업, 업무
成绩	chéngjì	성적, 수확, 결과
薪水	xīnshuǐ	월급, 급여, 봉급
不太	bútài	그다지 …하지 않다, 별로 …하지 않다

167

068

A 对 B 有益

A　duì　B　yǒuyì

A는 B에 도움이 돼요

STEP 1 활용예문

游泳对身体有益。

Yóuyǒng duì shēntǐ yǒuyì.

수영은 건강에 좋아요.

戒烟对身体健康有益。

Jièyān duì shēntǐ jiànkāng yǒuyì.

금연은 건강에 유익해요.

读书对培养思考能力有益。

Dúshū duì péiyǎng sīkǎonénglì yǒuyì.

독서는 사고능력 향상에 도움이 돼요.

这样做对我们有益。

Zhèyàng zuò duì wǒmen yǒuyì.

이렇게 하는 것은 우리 모두에게 이익이 있어요.

● 张伟: 你能给我介绍一下学汉语的好方法吗?

Nǐ néng gěi wǒ jièshào yíxià xué Hànyǔ de hǎofāngfǎ ma?

나에게 중국어 공부하는 좋은 방법을 소개 좀 해줄 수 있니?

○ 王芳: 多和中国人聊天儿对学汉语有益。

Duō hé Zhōngguórén liáotiānr duì xué Hànyǔ yǒuyì.

중국인과 이야기를 많이 나누면 중국어공부에 도움이 돼.

游泳	yóuyǒng	수영하다
身体健康	shēntǐ jiànkāng	건강
戒烟	jièyān	금연하다, 담배를 끊다
读书	dúshū	공부하다, 독서하다
培养	péiyǎng	기르다, 키우다, 길러 내다
思考	sīkǎo	사고하다, 사색하다, 깊이 생각하다

069

A 对 B 有害

A duì B yǒuhài

A는 B에 해롭다

抽烟对身体健康有害。

Chōuyān duì shēntǐ jiànkāng yǒuhài.

흡연은 건강에 해로워요.

过量喝酒对身体健康有害。

Guòliàng hējiǔ duì shēntǐ jiànkāng yǒuhài.

지나친 음주는 건강에 해로워요.

吸油纸对皮肤有害吗?

Xīyóuzhǐ duì pífū yǒuhài ma?

기름종이는 피부에 해로운가요?

这种食品对孩子的健康有害。

Zhè zhǒng shípǐn duì háizi de jiànkāng yǒuhài.

이런 음식은 아이들의 건강에 해로워요.

 **STEP 2** 실전회화

○ 王芳:为了准备考试, 昨晚我又开夜车了。

Wèile zhǔnbèi kǎoshì, zuówǎn wǒ yòu kāiyèchē le.

시험준비를 하기 위해 어제 밤에 나는 또 밤을 꼬박 새웠어.

● 张伟:熬夜对身体有害, 你也该注意身体了。

Áoyè duì shēntǐ yǒuhài, nǐyě gāi zhùyì shēntǐ le.

밤새는 건 건강에 해로워, 너도 건강을 좀 신경쓰렴.

STEP 3 필수단어

抽烟	chōuyān	담배를 피우다, 흡연하다
吸油纸	xīyóuzhǐ	기름종이
身体	shēntǐ	몸, 신체
健康	jiànkāng	건강
皮肤	pífū	피부
食品	shípǐn	식품, 음식
过量	guòliàng	양을 초과하다
开夜车	kāiyèchē	밤을 꼬박 새우다(= 熬夜 áoyè)
注意	zhùyì	주의하다, 조심하다

A 对 B 过敏
A　duì　B　guòmǐn

A는 B에 알레르기가 있다

STEP 1 활용예문

我**对**狗毛**过敏**。
Wǒ duì gǒumáo guòmǐn.
나는 강아지털에 알레르기 반응이 있어요.

他**对**金属**过敏**。
Tā duì jīnshǔ guòmǐn.
그는 금속에 알레르기 반응이 있어요.

她**对**香水**过敏**。
Tā duì xiāngshuǐ guòmǐn.
그녀는 향수에 알레르기가 있어요.

我**对**这种蔬菜**过敏**。
Wǒ duì zhè zhǒng shūcài guòmǐn.
나는 이 채소에 알레르기가 있어요.

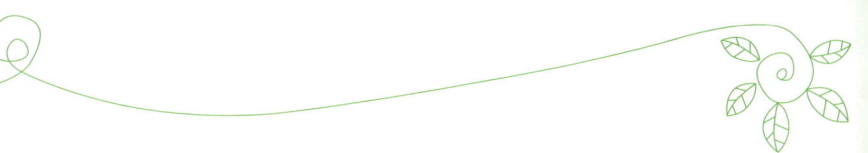

● 张伟: 你怎么一直打喷嚏呀? 是不是感冒了?

Nǐ zěnme yìzhí dǎpēntì ya? Shìbúshì gǎnmào le?

너 어째서 계속 재채기를 하니? 감기 걸린 것 아냐?

○ 王芳: 我一年四季都不感冒, 我只是对花粉过敏。

Wǒ yìnián sìjì dōu bù gǎnmào, wǒ zhǐshì duì huāfěn guòmǐn.

난 일년 내내 감기는 안 걸려, 단지 꽃가루 알레르기일 뿐이야.

过敏	guòmǐn	과민하다, 예민하다, 알레르기 반응을 배우다
狗毛	gǒumáo	강아지털
金属	jīnshǔ	금속
香水	xiāngshuǐ	향수
一直	yìzhí	계속, 줄곧, 쭉
打喷嚏	dǎpēntì	재채기를 하다
花粉	huāfěn	꽃 가루
蔬菜	shūcài	채소, 야채
感冒	gǎnmào	감기에 걸리다
一年四季	yìnián sìjì	일년 사계절
只是	zhǐshì	단지, 오로지

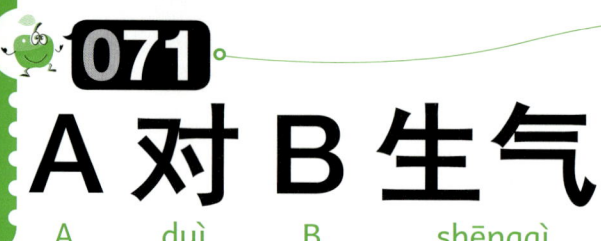

A 对 B 生气

A   duì   B   shēngqì

A는 B에게 화가나다

我对她生气。
Wǒ duì tā shēngqì.
나는 그녀에게 화났어요.

他对朋友生气。
Tā duì péngyou shēngqì.
그는 친구에게 화났어요.

她对经理很生气。
Tā duì jīnglǐ hěn shēngqì.
그녀는 사장님에게 아주 화가 났어요.

他对我一点儿也不生气。
Tā duì wǒ yìdiǎnr yě bù shēngqì.
그는 나에게 조금도 화나지 않았어요.

● 张伟: 你对她生气吗?

Nǐ duì tā shēngqì ma?

너 그녀에게 화가 났니?

你为什么不理她?

Nǐ wèishénme bù lǐ tā?

너 왜 그녀를 모른 척 하니?

○ 王芳: 没有, 我只是没看到她。

Méiyǒu, wǒ zhǐshì méi kàndào tā.

아니야. 난 그저 못 봤을 뿐이야.

朋友	péngyou	친구
经理	jīnglǐ	사장님, 책임자
理	lǐ	상대하다, 거들떠보다
只是	zhǐshì	단지, 다만, 오직, 오로지
一点儿也不…	yì diǎnr yě bù…	조금도 …하지 않다

A 对 B 热情

A　duì　B　rèqíng

A는 B에 친절해요

STEP 1 활용예문

她对朋友很热情。

Tā duì péngyou hěn rèqíng.

그녀는 친구에게 아주 친절해요.

他对顾客很热情。

Tā duì gùkè hěn rèqíng.

그는 고객들에게 아주 친절해요.

中国人对老外很热情。

Zhōngguórén duì lǎowài hěn rèqíng.

중국인들은 외국사람들에게 아주 친절해요.

他对陌生人一点儿也不热情。

Tā duì mòshēngrén yìdiǎnr yě bú rèqíng.

그는 낯선사람에게 조금도 다정하지 않아요.

🍏 张伟: 你男朋友对你好吗?

Nǐ nánpéngyou duì nǐ hǎo ma?

네 남자친구가 너에게 잘해주니?

☿ 王芳: 刚开始的时候他对我很热情,

Gāng kāishǐ de shíhou tā duì wǒ hěn rèqíng,

처음에는 나에게 아주 다정했는데,

现在不如以前了。

xiànzài bùrú yǐqián le.

지금은 예전만 못해.

STEP 3 필수단어

热情	rèqíng	열정적이다, 친절하다, 다정하다
顾客	gùkè	고객, 손님
陌生	mòshēng	낯설다, 생소하다
刚开始的时候	gāng kāishǐ de shíhou	처음에는
不如	bùrú	…만 못하다, …가 더 낫다
现在	xiànzài	지금, 현재
以前	yǐqián	이전에, 예전에

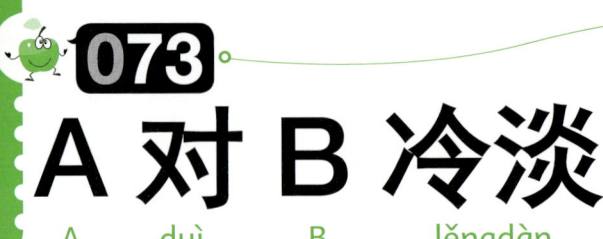

A 对 B 冷淡
A dui B lěngdàn

A는 B에게 쌀쌀하게 대해요

STEP 1 활용예문

她对我十分冷淡。
Tā duì wǒ shífēn lěngdàn.
그녀는 나에게 정말 차갑게 대해요.

老公对我很冷淡。
Lǎogōng duì wǒ hěn lěngdàn.
남편이 나에게 아주 쌀쌀하게 대해요.

大夫对患者很冷淡。
Dàifu duì huànzhě hěn lěngdàn.
의사선생님이 환자에게 아주 쌀쌀하게 대해요.

经理对职员很冷淡。
Jīnglǐ duì zhíyuán hěn lěngdàn.
사장님이 직원에게 아주 쌀쌀하게 대해요.

○ 王芳: **怎么了? 你最近有心事吗?**

Zěnmele? Nǐ zuìjìn yǒu xīnshì ma?

무슨 일이야? 너 요즘 걱정거리가 있니?

● 张伟: **女朋友突然对我很冷淡,**

Nǚpéngyou tūrán duì wǒ hěn lěngdàn,

여자친구가 갑자기 나에게 아주 쌀쌀하게 대해,

真搞不懂!

zhēn gǎobùdǒng!

정말 이해할 수가 없어!

经理	jīnglǐ	사장님, 책임자, 매니저
十分	shífēn	매우, 아주, 대단히, 충분히
职员	zhíyuán	직원
老公	lǎogōng	남편
心事	xīnshì	심사, 걱정거리, 고민
突然	tūrán	갑자기, 문득, 난데없이
搞不懂	gǎobùdǒng	알수가 없다, 이해가 안 된다

074

A 对 B 熟悉

A duì B shúxī

A는 B에 대해 익숙해요

 **STEP 1** 활용예문

我**对**这里很**熟悉**。
Wǒ duì zhèli hěn shúxī.
나는 이곳이 아주 익숙해요.

我**对**这份工作不**熟悉**。
Wǒ duì zhè fèn gōngzuò bù shúxī.
나는 이 일에 익숙하지 않아요.

她**对**上海不太**熟悉**。
Tā duì Shànghǎi bú tài shúxī.
그녀는 상하이를 잘 몰라요.

他**对**这项工作比较**熟悉**。
Tā duì zhèxiàng gōngzuò bǐjiào shúxī.
그는 이 일이 비교적 익숙해요.

○ 王芳: 他的专业是法律。

Tā de zhuānyè shì fǎlù.

그의 전공은 법률이야.

● 张伟: 难怪他对法律那么熟悉。

Nánguài tā duì fǎlù nàme shúxī.

어쩐지 그가 법률에 대해 그렇게 잘 알더라니.

熟悉	shúxī	잘 알다, 익숙하다, 충분히 이해하다
专业	zhuānyè	전공
法律	fǎlù	법률
难怪	nánguài	어쩐지, 그러길래

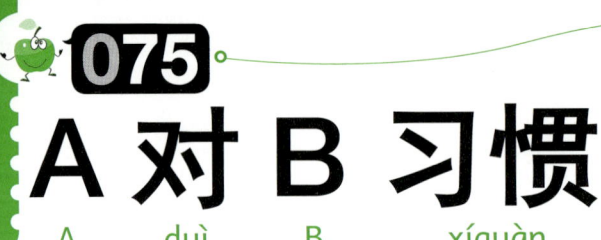

075

A 对 B 习惯
A   duì   B   xíguàn

A는 B에 익숙해요

STEP 1 활용예문

我对新工作习惯了。
Wǒ duì xīngōngzuò xíguàn le.
나는 새로운 일에 익숙해졌어요.

我对中国菜还不习惯。
Wǒ duì zhōngguócài hái bù xíguàn.
나는 중국요리가 아직 익숙하지 않아요.

我已经对这里的气候习惯了。
Wǒ yǐjing duì zhèli de qìhòu xíguàn le.
나는 이미 이곳의 기후에 익숙해졌어요.

我对 "老板" 这个称呼还不习惯。
Wǒ duì "lǎobǎn" zhè gè chēnghu hái bù xíguàn.
나는 "사장님"이라는 호칭이 아직 어색해요.

○ 王芳: 你女朋友会开车吗?

Nǐ nǚpéngyou huì kāichē ma?

너 여자친구 운전 할 줄 아니?

● 张伟: 她刚刚拿到驾照,

Tā gānggāng nádào jiàzhào,

그녀는 이제 막 면허증을 땄어,

对驾车还不习惯。

duì jiàchē hái bù xíguàn.

운전은 아직 서툴어.

称呼	chēnghu	호칭
气候	qìhòu	기후
刚刚	gānggāng	지금 막, 이제 막
拿到	nádào	입수하다, 손에 넣다, 받다
驾照	jiàzhào	운전면허증
驾车	jiàchē	차를 몰다, 운전하다

076
A 对 B 敏感

A   duì   B   mǐngǎn

A는 B에 민감해요

我对气味很敏感。
Wǒ duì qìwèi hěn mǐngǎn.
나는 냄새에 아주 민감해요.

他对颜色不敏感。
Tā duì yánsè bù mǐngǎn.
그는 색깔에 민감하지 않아요.

她对价格不太敏感。
Tā duì jiàgé bú tài mǐngǎn.
그녀는 가격에 별로 민감하지 않아요.

我对数字比较敏感。
Wǒ duì shùzì bǐjiào mǐngǎn.
나는 숫자에 민감한 편이에요.

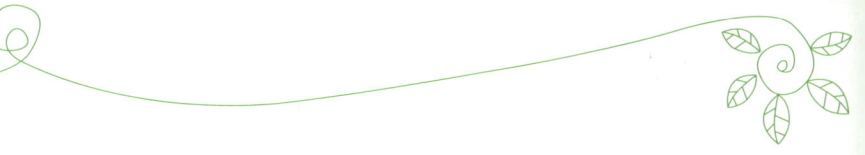

● 张伟:昨晚你怎么睡不着觉了?

Zuówǎn nǐ zěnme shuìbuzháojiào le?

어제 밤에 너 어째서 잠을 자지 못했니?

○ 王芳:隔壁房间太吵闹了,

Gébì fángjiān tài chǎonào le,

옆방이 너무 시끄러워서.

我对声音很敏感。

wǒ duì shēngyīn hěn mǐngǎn.

난 소리에 아주 민감하단 말이야.

气味	qìwèi	냄새
颜色	yánsè	색깔, 색상
价格	jiàgé	가격
隔壁	gébì	이웃집, 옆집, 이웃
房间	fángjiān	방, 룸
吵闹	chǎonào	시끄럽다, 떠들다
睡不着觉	shuìbuzháojiào	잠 못 이루다, 잠을 잘 수 없다, 불면증

185

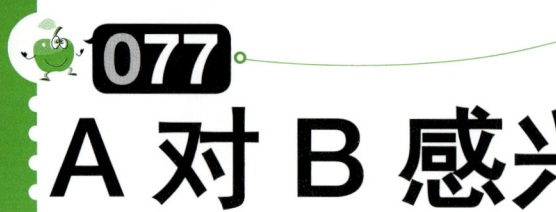

A 对 B 感兴趣

A　duì　B　gǎnxìngqù

A는 B에 관심이 있어요

我对理财感兴趣。
Wǒ duì lǐcái gǎnxìngqù.
나는 재테크에 관심이 있어요.

他对中国音乐感兴趣。
Tā duì Zhōngguó yīnyuè gǎnxìngqù.
그는 중국음악에 관심이 있어요.

她对中国电影感兴趣。
Tā duì Zhōngguó diànyǐng gǎnxìngqù.
그녀는 중국영화에 흥미가 있어요.

我对政治一点儿也不感兴趣。
Wǒ duì zhèngzhì yìdiǎnr yě bù gǎnxìngqù.
나는 정치에 조금도 관심이 없어요.

 **실전회화**

○ 王芳 : 你为什么学汉语?
Nǐ wèishénme xué Hànyǔ?
넌 왜 중국어를 배우니?

● 张伟 : 我对中国小说感兴趣。
Wǒ duì Zhōngguó xiǎoshuō gǎnxìngqù.
난 중국소설에 관심이 있어.

我想读中国古典小说。
Wǒ xiǎng dú Zhōngguó gǔdiǎn xiǎoshuō.
난 중국 고전소설을 읽고 싶어.

STEP 3 필수단어

感兴趣	gǎnxìngqù	흥미를 느끼다, 관심을 갖다, 좋아한다
音乐	yīnyuè	음악
电影	diànyǐng	영화
理财	lǐcái	재테크, 재무관리를 하다
古典	gǔdiǎn	고전, 클래식
政治	zhèngzhì	정치
读	dú	읽다, 공부하다
小说	xiǎoshuō	소설

A 对 B 有意见

A duì B yǒuyìjiàn

A는 B에 불만 있어요

我对老板有意见。
Wǒ duì lǎobǎn yǒuyìjiàn.
나는 사장님께 불만 있어요.

经理对我有意见。
Jīnglǐ duì wǒ yǒuyìjiàn.
사장님은 저에게 불만 있어요.

她对老师有意见。
Tā duì lǎoshī yǒuyìjiàn.
그녀는 선생님에게 불만 있어요.

你对我有意见吗?
Nǐ duì wǒ yǒuyìjiàn ma?
넌 나에게 불만 있니?

王芳: 你为什么要辞职?

Nǐ wèishénme yào cízhí?

너 왜 회사를 그만두려고 하니?

张伟: 我对公司的福利待遇有意见。

Wǒ duì gōngsī de fúlì dàiyù yǒuyìjiàn.

난 회사의 복리대우에 불만이 있어.

STEP 3 필수단어

经理	jīnglǐ	(기업의) 경영 관리 책임자, 지배인, 사장, 매니저(manager)
老板	lǎobǎn	상점주인, 사장
意见	yìjiàn	① 불만, 반대 ② 견해, 의견
老师	lǎoshī	선생님
辞职	cízhí	직장을 그만두다, 사직하다
福利待遇	fúlìdàiyù	복리대우

189

079

A 对 B 有意思

A   duì   B   yǒuyìsi

A는 B에 호감이 있어요

 STEP 1 활용예문

她对班长有意思。

Tā duì bānzhǎng yǒuyìsi.

그녀는 반장에게 호감이 있어요.

你对他有意思吗?

Nǐ duì tā yǒuyìsi ma?

너 그를 좋아하니?

我对她有点儿意思。

Wǒ duì tā yǒudiǎnr yìsi.

나는 그녀가 좀 마음에 들어요.

她对你很有意思。

Tā duì nǐ hěn yǒuyìsi.

그녀는 당신에게 아주 호감이 있어요.

● 张伟: **你又要加班?**
Nǐ yòu yào jiābān?
너 또 야근하니?

你是不是对经理有意思?
Nǐ shìbúshì duì jīnglǐ yǒuyìsi?
너 팀장님한테 마음 있는 거 아니야?

○ 王芳: **胡扯, 我只是没把工作做完而已。**
Húchě, wǒ zhǐshì méi bǎ gōngzuò zuòwán éryǐ.
무슨 헛소리야, 난 그저 아직 일을 다 못했을 뿐이야.

STEP 3 필수단어

班长	bānzhǎng	반장, 급장
加班	jiābān	초과 근무를 하다, 특근하다
胡扯	húchě	제멋대로 말하다, 되는대로 지껄이다, 허튼소리 하다
只是	zhǐshì	단지, 다만, 오직, 오로지
而已	éryǐ	…뿐이다, …할 따름이다

080
A 对 B 是门外汉

A   duì   B   shìménwàihàn

A는 B에 대해선 문외한이에요

 **STEP 1** 활용예문

我对珠宝是门外汉。

Wǒ duì zhūbǎo shìménwàihàn.

나는 보석에 대해선 문외한이에요.

他对理财是门外汉。

Tā duì lǐcái shìménwàihàn.

그는 재테크에 대해 문외한이에요.

她对股票是门外汉。

Tā duì gǔpiào shìménwàihàn.

그녀는 주식에 대해 문외한이에요.

我对汽车是门外汉。

Wǒ duì qìchē shìménwàihàn.

나는 자동차에 대해선 문외한이에요.

王芳: 我的电脑总死机,

Wǒ de diànnǎo zǒng sǐjī,

내 컴퓨터는 자주 다운이 돼,

你能帮我修一下吗?

nǐ néng bāng wǒ xiū yíxià ma?

좀 고쳐줄 수 있니?

张伟: 我对电脑是门外汉,

Wǒ duì diànnǎo shìménwàihàn,

나는 컴퓨터에 문외한이야,

你去售后服务中心看看吧。

nǐ qù shòuhòu fúwù zhōngxīn kànkan ba.

너 애프터서비스센터에 가서 봐보렴.

STEP 3 필수단어

珠宝	zhūbǎo	보석
理财	lǐcái	재테크하다
股票	gǔpiào	주식
死机	sǐjī	컴퓨터가 다운되다
修	xiū	고치다, 수리하다
售后服务	shòuhòufúwù	애프터 서비스

081
A 对 B 充满信心

A　　duì　　B　　chōngmǎnxìnxīn

A가 B에 자신감이 넘쳐요

 **STEP 1 활용예문**

他**对**自己**充满信心**。

Tā duì zìjǐ chōngmǎnxìnxīn.

그는 자신에게 자신감이 넘쳐요.

我**对**这项工作**充满信心**。

Wǒ duì zhè xiàng gōngzuò chōngmǎnxìnxīn.

나는 이 일에 자신감이 넘쳐요.

我**对**公司的产品**充满信心**。

Wǒ duì gōngsī de chǎnpǐn chōngmǎnxìnxīn.

그는 회사의 제품에 자신감이 넘쳐요.

她**对**这次考试**充满信心**。

Tā duì zhè cì kǎoshì chōngmǎnxìnxīn.

그녀는 이번 시험에 아주 자신감이 있어요.

● 张伟:你最近生意怎么样?

　Nǐ zuìjìn shēngyì zěnmeyàng?
　너 요새 장사 잘 되니?

○ 王芳:还可以,

　Hái kěyǐ,
　그럭저럭 괜찮아요,

我对这笔生意充满信心。

wǒ duì zhè bǐ shēngyì chōngmǎnxìnxīn.
난 이 장사에 자신감이 넘쳐요.

STEP 3 필수단어

充满	chōngmǎn	가득하다, 충만하다
信心	xìnxīn	자신감
产品	chǎnpǐn	상품, 제품
最近	zuìjìn	요새, 최근, 근대
公司	gōngsī	회사, 직장
生意	shēngyì	장사, 사업
工作	gōngzuò	일, 업무
笔	bǐ	돈, 장사, 몫돈을 세는 양사

082

A 对 B 情有独钟

A   duì   B   qíngyǒudúzhōng

A가 B에 각별한 애정이 있어요

STEP 1 활용예문

我对这部小说情有独钟。
Wǒ duì zhè bù xiǎoshuō qíngyǒudúzhōng.
나는 이 소설에 각별한 애정이 있어요.

她对高跟鞋情有独钟。
Tā duì gāogēnxié qíngyǒudúzhōng.
그녀는 하이힐에 유독 특별한 애정이 있어요.

他对中国电影情有独钟。
Tā duì Zhōngguó diànyǐng qíngyǒudúzhōng.
그는 중국영화에 특별한 관심이 있어요.

我对北京的胡同情有独钟。
Wǒ duì Běijīng de hútòng qíngyǒudúzhōng.
나는 베이징의 골목길에 특별한 감정이 있어요.

王芳: 你喜欢看这位作家的作品吗？
Nǐ xǐhuan kàn zhè wèi zuòjiā de zuòpǐn ma?
너 이 작가의 작품을 즐겨보니?

张伟: 我很喜欢看,
Wǒ hěn xǐhuan kàn,
난 정말 좋아해,

对她的写作风格情有独钟。
duì tā de xiězuò fēnggé qíngyǒudúzhōng.
그녀의 작품스타일에 각별한 애정이 있어.

小说	xiǎoshuō	소설
高跟鞋	gāogēnxié	하이힐
电影	diànyǐng	영화
作家	zuòjiā	작가
作品	zuòpǐn	작품
胡同	hútòng	골목
风格	fēnggé	스타일, 성격

083
A 对 B 褒贬不一

A　　　duì　　B　　　bāobiǎnbùyī

A가 B에 대해 호불호가 갈려요

STEP 1 활용예문

人们对这个人的评价褒贬不一。

Rénmen duì zhè gè rén de píngjià bāobiǎnbùyī.

사람들은 이 사람에 대한 평가가 갈려요.

网友们对这个网站的评价褒贬不一。

Wǎngyǒumen duì zhè gè wǎngzhàn de píngjià bāobiǎnbùyī.

네티즌의 이 사이트에 대해 호 불호가 갈려요.

他们对这个计划的评价褒贬不一。

Tāmen duì zhè gè jìhuà de píngjià bāobiǎnbùyī.

그들은 이 계획에 대해 좋고 나쁨이 일치하지 않아요.

人民对这位总统的评价褒贬不一。

Rénmín duì zhè wèi zǒngtǒng de píngjià bāobiǎnbùyī.

국민들의 이 대통령에 대한 평가는 호 불호가 갈려요.

● 张伟: **你看过这部电影吗? 你觉得怎么样?**
Nǐ kànguo zhè bù diànyǐng ma? Nǐ juéde zěnmeyàng?
너 이 영화 본적있니? 네 생각에는 어때?

○ 王芳: **我觉得还行,**
Wǒ juéde hái xíng,
내 생각엔 괜찮은데,

不过, 观众对这部电影的评价褒贬不一。
búguò, guānzhòng duì zhè bù diànyǐng de píngjià bāobiǎnbùyī.
관객들의 이 영화에 대해 호 불호가 갈려요.

STEP 3 필수단어

褒贬不一	bāobiǎnbùyī	좋고 나쁨에 대한 평가가 일정하지 않다
计划	jìhuà	계획
评价	píngjià	평가
总统	zǒngtǒng	대통령
观众	guānzhòng	관객, 관중, 시청자
觉得	juéde	…라고 느끼다, …라고 생각하다

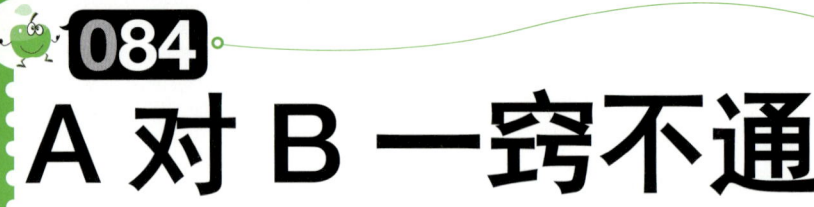

084
A 对 B 一窍不通
A   duì   B   yíqiàobùtōng

A가 B에 대해 완전 왕초보에요

STEP 1 활용예문

我对汽车一窍不通。
Wǒ duì qìchē yíqiàobùtōng.
나는 자동차에 대해 아는 게 없어요.

她对设计一窍不通。
Tā duì shèjì yíqiàobùtōng.
그녀는 디자인에 대해서 아무것도 몰라요.

我对贸易一窍不通。
Wǒ duì màoyì yíqiàobùtōng.
나는 무역에 대해서 왕초보에요.

他对这个方面一窍不通。
Tā duì zhè ge fāngmiàn yíqiàobùtōng.
그는 이 방면에 완전 백지상태에요.

실전회화

○ 王芳: 我的智能手机老死机, 你能帮我修一下吗?
Wǒ de zhìnéngshǒujī lǎo sǐjī, nǐ néng bāng wǒ xiū yíxià ma?
내 스마트폰은 맨날 다운 돼, 너 좀 고쳐줄 수 있니?

● 张伟: 我也对智能手机一窍不通。
Wǒ yě duì zhìnéngshǒujī yíqiàobùtōng.
나도 스마트폰에 대해 전혀 몰라.

你到售后服务中心去修理吧。
Nǐ dào shòuhòu fúwù zhōngxīn qù xiūlǐ ba.
애프터서비스센터에 가서 고쳐보렴.

STEP 3 필수단어

一窍不通	yíqiàobùtōng	아무것도 모르다, 아는 게 하나도 없다
老	lǎo	늘, 항상, 언제나, 계속
智能手机	zhìnéngshǒujī	스마트폰
设计	shèjì	디자인, 설계, 디자인하다, 계획하다
死机	sǐjī	컴퓨터 등 기계가 다운 되다
修理	xiūlǐ	고치다, 수리하다
贸易	màoyì	무역, 교역, 매매, 거래
售后服务	shòuhòufúwù	애프터서비스
中心	zhōngxīn	센터, 중심

085

A 对 B 赞不绝口

A　　　duì　　　B　　　zànbùjuékǒu

A가 B에 대해 칭찬이 자자해요

 STEP 1 활용예문

观众对电影赞不绝口。

Guānzhòng duì diànyǐng zànbùjuékǒu.

관중은 영화를 극찬하였다.

同事们对张经理赞不绝口。

Tóngshìmen duì Zhāng jīnglǐ zànbùjuékǒu.

동료들은 장실장에 대해 칭찬이 자자해요.

游客对北村韩屋村赞不绝口。

Yóukè duì Běicūn hánwūcūn zànbùjuékǒu.

요우커(여행객)들은 북촌한옥마을에 대해 칭찬이 자자해요.

村里人对王老的媳妇儿赞不绝口。

Cūnlirén duì Wánglǎo de xífur zànbùjuékǒu.

마을 사람들은 왕씨 노인의 며느리에 대해 칭찬이 자자해요.

● 张伟: **下雨天去西湖怎么样?**

Xiàyǔtiān qù Xīhú zěnmeyàng?

비오는 날 서호에 가면 어때요?

○ 王芳: **西湖雨景别提多美了。**

Xīhú yǔjǐng biétíduō měi le.

시후(서호)의 비 내리는 풍경이 얼마나 아름다운지 말도 마.

游客们对西湖雨景赞不绝口。

yóukèmen duì Xīhú yǔjǐng zànbùjuékǒu.

여행객들은 시후(서호)의 비오는 경치에 칭찬이 자자해.

观众	guānzhòng	관중, 관객
经理	jīnglǐ	경영 관리 책임자, 지배인, 사장
游客	yóukè	여행객
媳妇儿	xífur	아내, 처, 색시
下雨天	xiàyǔtiān	비오는 날

tip

别提多 + 형용사 + 了 biétíduō…le 얼마나 형용사 한지 말도 마라, 대단히 형용사 하다

别提多贵了。 biétíduō guì le. 얼마나 비싼지 말도 마세요.

别提多好吃了。 biétíduō hǎochī le. 얼마나 맛있는지 말도 마세요.

别提多漂亮了。 biétíduō piàoliang le. 얼마나 예쁜지 말도 마세요.

Chapter 5　把 ~을, ~를

把는 중국어의 전치사 중에서 목적어를 동사의 앞으로 끌어내어 그 처치결과를 구체적으로 보여주는 전치사입니다. 핵심 전치사 把는 "～을, ～를, ～을 가지고"라는 뜻을 잘 나타냅니다.

① 완료형

"～을 했어요"라고 할 때는 "동사" 또는 "동사 + 보어"의 뒤에 동태조사 了를 넣어주면 됩니다.

我把书看完了。 나는 책을 다 읽었어요.
我把作业做好了。 나는 숙제를 잘 했어요.

② 부정형

"～을 안 했다"라고 표현할 때는 전치사 把의 앞에 부정부사 没를 붙이면 됩니다. 이때 동태조사 了는 쓸 수 없습니다.

我把书看完了。 나는 책을 다 읽었어요.
→ 我没把书看完。 나는 책을 다 읽지 않았어요.

③ 금지형

"～을 하지마라"라고 표현할 때는 전치사의 앞에 부정부사 别나 不要를 붙이면 됩니다.

我把书看完了。 나는 책을 다 읽었어요.
→ 别把书看完。 책을 다 읽지 마세요.

④ 부사의 활용

다양한 의미나 상황을 묘사할 때 전치사 把의 앞에 부사를 넣어줄 수 있습니다.

我把书看完了。 나는 책을 다 읽었어요.
→ 我已经把书看完了。 나는 이미 책을 다 읽었어요.

⑤ 기타성분은 필수

전치사 把를 사용한 패턴에서는 동사의 뒤에 반드시 보어나 동태조사 了를 잘 넣어줍니다.

我把书看了。 나는 책을 읽었어요.
→ 我把书看了一遍。 나는 책을 한 번 읽었어요.
→ 我把书看完了。 나는 책을 다 읽었어요.

⑥ 조동사의 위치

"~을 할 수 있다" 혹은 "~하고 싶다, ~을 할 것이다"등을 나타내는 조동사의 위치는 항상 把의 앞입니다.

我把书看了。 나는 책을 읽었어요.
→ 我能把书看完。 나는 책을 다 읽을 수 있어요.
→ 我想把书看完。 나는 책을 다 읽고 싶어요.

조동사는 중국어로 능원동사(能愿动词)라고 합니다.

能	néng	…할 수 있다	想	xiǎng	…하고 싶다
可以	kěyǐ	…해도 좋다	要	yào	…할 것이다
会	huì	…할 줄 안다	应该	yīnggāi	꼭…해야 한다

把 A 放在 B

bǎ A fàngzài B

A를 B에 두다, 놓다

我把手机放在卫生间里了。

Wǒ bǎ shǒujī fàngzài wèishēngjiān li le.

나는 휴대폰을 화장실에 두었어요.

他把电脑放在桌子上了。

Tā bǎ diànnǎo fàngzài zhuōzi shang le.

그는 컴퓨터를 책상 위에 놓았어요.

她没把帽子放在床上。

Tā méi bǎ màozi fàngzài chuáng shang.

그녀는 모자를 침대 위에 두지 않았어요.

别把筷子放在饭碗上。

Bié bǎ kuàizi fàngzài fànwǎn shang.

젓가락을 밥 그릇 위에 놓지 마요.

● 张伟: **你看见我的汉语书了吗?**

Nǐ kànjiàn wǒ de Hànyǔshū le ma?

너 내 중국어 책 봤니?

○ 王芳: **我把你的汉语书放在你桌子上了。**

Wǒ bǎ nǐ de Hànyǔshū fàngzài nǐ zhuōzi shang le.

내가 너 중국어 책 네 책상 위에 두었어.

卫生间	wèishēngjiān	화장실
手机	shǒujī	휴대폰
帽子	màozi	모자
看见	kànjiàn	보았다, 봤다
放在	fàngzài	…에 두다, 놓다
别	bié	…하지 마라

把 A 忘在 B
bǎ A wàngzài B

A를 B에 깜박 두고 왔어요

STEP 1 활용예문

我**把**钥匙**忘在**学校了。
Wǒ bǎ yàoshi wàngzài xuéxiào le.
나는 열쇠를 학교에 깜박 두고 왔어요.

我**把**手机**忘在**出租车上了。
Wǒ bǎ shǒujī wàngzài chūzūchē shang le.
나는 휴대전화를 택시에 깜박 두고 왔어요.

她**把**手提包**忘在**洗手间了。
Tā bǎ shǒutíbāo wàngzài xǐshǒujiān le.
그녀는 핸드백을 화장실에 깜박 두고 왔어요.

我不小心**把**信用卡**忘在**提款机里了。
Wǒ bùxiǎoxīn bǎ xìnyòngkǎ wàngzài tíkuǎnjī li le.
난 실수로 신용카드를 현금지급기에 깜박 두고 왔어요.

● 张伟: 今天我吃得很好, 谢谢你请客。

Jīntiān wǒ chī de hěn hǎo, xièxie nǐ qǐngkè.

오늘 나 정말 맛있게 먹었어, 밥 사줘서 고마워.

○ 王芳: 真不好意思, 我把钱包忘在办公室了。

Zhēn bùhǎoyìsi, wǒ bǎ qiánbāo wàngzài bàngōngshì le.

정말 미안해, 나 지갑을 사무실에 깜박 두고 왔어.

STEP 3 필수단어

钥匙	yàoshi	열쇠
手机	shǒujī	휴대전화
出租车	chūzūchē	택시
手提包	shǒutíbāo	핸드백
洗手间	xǐshǒujiān	화장실
信用卡	xìnyòngkǎ	신용카드
不小心	bùxiǎoxīn	실수로
提款机	tíkuǎnjī	현금지급기
请客	qǐngkè	식사를 대접하다
钱包	qiánbāo	지갑
办公室	bàngōngshì	사무실

把 A 借给 B
bǎ A jiègěi B

A를 B에게 빌려주다

 **STEP 1 활용예문**

我**把**书**借给**朋友了。
Wǒ bǎ shū jiègěi péngyou le.
나는 책을 친구에게 빌려줬어요.

我要**把**运动鞋**借给**她。
Wǒ yào bǎ yùndòngxié jiègěi tā.
나는 운동화를 그녀에게 빌려줄거에요.

他不想**把**自行车**借给**我。
Tā bù xiǎng bǎ zìxíngchē jiègěi wǒ.
그는 자전거를 나에게 빌려주고 싶지 않아요.

她没**把**钱**借给**同事。
Tā méi bǎ qián jiègěi tóngshì.
그녀는 돈을 동료에게 빌려주지 않았어요.

● 张伟: 你可以把充电宝借给我吗?

Nǐ kěyǐ bǎ chōngdiànbǎo jiègěi wǒ ma?

너 보조배터리 좀 빌려 줄 수 있니?

○ 王芳: 不好意思, 我今天没带来。

Bùhǎoyìs, wǒ jīntiān méi dàilái.

미안해, 오늘 안 가져왔어.

STEP 3 필수단어

借	jiè	빌려주다
不想	bùxiǎng	…하고 싶지 않다
要	yào	…할 것이다
同事	tóngshì	직장동료
充电宝	chōngdiànbǎo	보조배터리
不好意思	bùhǎoyìsi	미안합니다
带来	dàilái	가져오다, 가져다 주다
运动鞋	yùndòngxié	운동화

把 A 还给 B
bǎ A huángěi B

A를 B에게 돌려주다

 **STEP 1** 활용예문

我把书还给他了。
Wǒ bǎ shū huángěi tā le.
나는 책을 그에게 돌려줬어요.

我已经把衣服还给他了。
Wǒ yǐjing bǎ yīfu huángěi tā le.
나는 이미 옷을 그에게 돌려줬어요.

她早就把钱还给朋友了。
Tā zǎojiù bǎ qián huángěi péngyou le.
그녀는 진작에 돈을 친구에게 갚았어요.

他还没把笔记本还给我。
Tā hái méi bǎ bǐjìběn huángěi wǒ.
그는 아직 노트북을 나에게 돌려주지 않았어요.

● 张伟: 你今天晚上有空吗?

Nǐ jīntiān wǎnshang yǒukòng ma?

너 오늘 저녁에 시간 있니?

我想把你的电脑还给你。

Wǒ xiǎngbǎ nǐ de diànnǎo huángěi nǐ.

네 컴퓨터를 돌려주고 싶은데.

○ 王芳: 好, 晚上七点在老地方见面吧。

Hǎo, wǎnshang qīdiǎn zài lǎodìfang jiànmiàn ba.

좋아, 저녁 7시에 늘 만나던 곳에서 만나자.

STEP 3 필수단어

已经	yǐjing	이미, 벌써
早就	zǎojiù	진작에, 일찌감치
笔记本	bǐjìběn	노트, 공책
有空	yǒukòng	시간이 있다, 짬이 나다
电脑	diànnǎo	컴퓨터
老地方	lǎodìfang	늘 만나던 곳
见面	jiànmiàn	만나다

把 A 送给 B
bǎ A sònggěi B

A를 B에게 선물하다

 **STEP 1 활용예문**

我**把**手机**送给**她了。
Wǒ bǎ shǒujī sònggěi tā le.
나는 휴대폰을 그녀에게 선물했어요.

他要**把**玫瑰花**送给**女朋友。
Tā yào bǎ méiguīhuā sònggěi nǚpéngyou.
그는 장미꽃을 여자친구에게 선물하려고 해요.

老师**把**语法书**送给**我了。
Lǎoshī bǎ yǔfǎshū sònggěi wǒ le.
선생님은 어법 책을 나에게 선물해 줬어요.

爸爸想**把**这些玩具**送给**儿子。
Bàba xiǎng bǎ zhè xiē wánjù sònggěi érzi.
아빠는 이 장난감들을 아들에게 선물할거예요.

 **STEP 2** 실전회화

○ 王芳：你女朋友快要过生日了，

Nǐ nǚpéngyou kuàiyào guò shēngrì le,

너 여자친구 곧 생일이잖아.

你打算送她什么礼物?

nǐ dǎsuan sòng tā shénme lǐwù?

너 무슨 선물을 할 생각이니?

● 张伟：我要把钻石戒指送给她。

Wǒ yào bǎ zuànshí jièzhǐ sònggěi tā.

난 다이아몬드 반지를 그녀에게 선물할거야.

STEP 3 필수단어

玫瑰花	méiguīhuā	장미꽃
语法	yǔfǎ	어법
玩具	wánjù	장난감
过生日	guò shēngrì	생일을 보내다
礼物	lǐwù	선물
钻石	zuànshí	다이아몬드
戒指	jièzhǐ	반지

091

把 A 送到 B
bǎ A sòngdào B

A를 B에 데려다 주다

STEP 1 활용예문

奶奶**把**孙子**送到**学校了。
Nǎinai bǎ sūnzi sòngdào xuéxiào le.
할머니가 손자를 학교에 데려다 줬어요.

她**把**朋友**送到**车站了。
Tā bǎ péngyou sòngdào chēzhàn le.
그녀는 친구를 터미널에 데려다 주었어요.

我能**把**访问团**送到**酒店。
Wǒ néng bǎ fǎngwèntuán sòngdào jiǔdiàn.
나는 방문단을 호텔에 데려다 줄 수 있어요.

他竟然没**把**女朋友**送到**家。
Tā jìngrán méi bǎ nǚpéngyou sòngdào jiā.
그는 뜻밖에 여자친구를 집에 배웅해 주지 않았어요.

● 张伟: 你刚才去哪儿了?

　　　Nǐ gāngcái qù nǎr le?

　　　너 조금 전에 어디 갔었니?

○ 王芳: 刚从机场回来了,

　　　Gāng cóng jīchǎng huílái le,

　　　나 이제 막 공항에서 돌아왔어,

　　　我把父母送到机场了。

　　　wǒ bǎ fùmǔ sòngdào jīchǎng le.

　　　우리 부모님을 공항에 배웅해 드렸어.

 STEP 3 필수단어

车站	chēzhàn	정거장, 정류소, 터미널
访问团	fǎngwèntuán	방문단, 대표팀
酒店	jiǔdiàn	호텔
竟然	jìngrán	뜻밖에, 의외로
刚才	gāngcái	(명)조금 전, 방금, 아까
刚	gāng	(부)이제 막, 곧, 금방

092
把 A 发给 B
bǎ A fāgěi B

A를 B에게 (문자나 이메일 등을)보내다

STEP 1 활용예문

你把手机号码发给我吧。
Nǐ bǎ shǒujī hàomǎ fāgěi wǒ ba.
너 휴대전화 번호 좀 나에게 보내줘.

她已经把地址发给我了。
Tā yǐjing bǎ dìzhǐ fāgěi wǒ le.
그녀는 이미 주소를 나에게 보내줬어요.

我一会儿把资料发给你吧。
Wǒ yíhuìr bǎ zīliào fāgěi nǐ ba.
내가 조금 후에 자료를 너에게 보낼게.

我把聚会的地点和时间发给你吧。
Wǒ bǎ jùhuìde dìdiǎn hé shíjiān fāgěi nǐ ba.
내가 모임 장소와 시간을 너에게 보낼게.

○ 王芳: 这台笔记本电脑真不错！你在哪儿买的?

Zhè tái bǐjìběndiànnǎo zhēn búcuò! Nǐ zài nǎr mǎide?

이 노트북 정말 좋다! 어디에서 샀어?

● 张伟: 我在网上买的, 我把网址发给你吧。

Wǒ zài wǎngshàng mǎi de, wǒ bǎ wǎngzhǐ fāgěi nǐ ba.

인터넷에서 샀지, 내가 인터넷 주소 보내줄게.

手机号码	shǒujīhàomǎ	휴대폰번호
地址	dìzhǐ	주소
一会儿	yíhuìr	곧, 잠시후, 금방
资料	zīliào	자료
笔记本电脑	bǐjìběndiànnǎo	노트북 컴퓨터
网址	wǎngzhǐ	인터넷 주소
聚会	jùhuì	모임, 집회, 모이다
地点	dìdiǎn	장소
时间	shíjiān	시간

把 A 当做 B

bǎ A dāngzuò B

A를 B로 간주하다

我把他当做朋友。
Wǒ bǎ tā dāngzuò péngyou.
나는 그를 친구로 생각해요.

她把婚姻当做生意。
Tā bǎ hūnyīn dāngzuò shēngyì.
그녀는 결혼을 장사로 생각해요.

我把智能手机当做我的秘书。
Wǒ bǎ zhìnéngshǒujī dāngzuò wǒ de mìshū.
나는 스마트폰을 내 비서로 생각해요.

老师把学生当做自己的孩子。
Lǎoshī bǎ xuésheng dāngzuò zìjǐ de háizi.
선생님은 학생을 자신의 아이로 여깁니다.

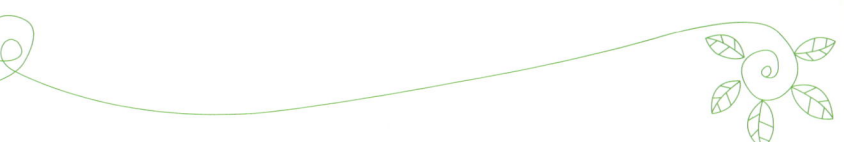

STEP 2 실전회화

王芳: **你今天又要加班?**
Nǐ jīntiān yòu yào jiābān?
너 오늘도 야근이니?

难道你把公司当做家吗?
Nándào nǐ bǎ gōngsī dāngzuò jiā ma?
설마 회사를 집으로 생각하니?

张伟: **最近工作忙得不得了。**
Zuìjìn gōngzuò máng de bùdéliǎo.
요새 바빠서 죽을 지경이야.

STEP 3 필수단어

婚姻	hūnyīn	혼인, 결혼
生意	shēngyì	장사, 비즈니스
加班	jiābān	야근하다
智能手机	zhìnéngshǒujī	스마트폰
秘书	mìshū	비서
难道…吗	nándào…ma	설마…란 말인가?
公司	gōngsī	회사
…得不得了	…debùdéliǎo	매우, 대단히…하다

094

把 A 叫做 B

bǎ　A　jiàozuò　B

A를 B라고 부르다

我把她叫做宝贝。
Wǒ bǎ tā jiàozuò bǎobèi.
나는 그녀를 자기야 라고 불러요.

我们把她叫做守护天使。
Wǒmen bǎ tā jiàozuò shǒuhùtiānshǐ.
우리들은 그녀를 수호천사라고 불러요.

同事们都把我叫做中国通。
Tóngshìmen dōu bǎ wǒ jiàozuò Zhōngguótōng.
직장동료들은 모두 나를 중국통 이라고 불러요.

中国人把黄河叫做母亲河。
Zhōngguórén bǎ Huáng hé jiàozuò mǔqīnhé.
중국인은 황하강을 젖줄이라고 부릅니다.

● 张伟: 没想到你家里有这么多古董。

Méixiǎngdào nǐ jiāli yǒu zhème duō gǔdǒng.

너희 집에 이렇게 골동품이 많을 줄은 정말 생각하지 못했어.

○ 王芳: 收藏古董是我的爱好。

Shōucáng gǔdǒng shì wǒ de àihǎo.

골동품 수집은 내 취미야.

朋友们都把我叫做收藏家。

Péngyoumen dōu bǎ wǒ jiàozuò shōucángjiā.

친구들은 모두 나를 수집가라고 불러.

STEP 3 필수단어

宝贝	bǎobèi	귀염둥이, 귀여운 아이, 자기, 달링
守护天使	shǒuhù tiānshǐ	수호천사
同事	tóngshì	직장동료
母亲河	mǔqīnhé	젖줄, 어머니와 같은 강
古董	gǔdǒng	골동품
爱好	àihào	취미, 애호
收藏	shōucáng	소장하다, 수집하여 보관하다
中国通	Zhōngguótōng	중국통, 중국전문가, 중국에 정통한 사람

095

把 A 递给 B
bǎ A dìgěi B

A를 B에게 건네주다

 STEP 1 활용예문

请把筷子递给我吧。
Qǐng bǎ kuàizi dìgěi wǒ ba.
젓가락 좀 건네주세요.

他把包裹递给快递员。
Tā bǎ bāoguǒ dìgěi kuàidìyuán.
그는 소포를 택배직원에게 건네 줬어요.

请把菜单递给我, 好吗?
Qǐng bǎ càidān dìgěi wǒ, hǎoma?
메뉴 좀 저에게 주세요.

麻烦你帮我把作业递给教授吧。
Máfan ní bāng wǒ bǎ zuòyè dìgěi jiàoshòu ba.
미안한데 숙제 좀 교수님께 전해줘.

● 张伟: **请把刀叉递给我, 好吗?**

Qǐng bǎ dāochā dìgěi wǒ, hǎoma?

나이프와 포크 좀 저에게 건네주실래요?

○ 王芳: **好的。**

Hǎo de.

좋아요.

筷子	kuàizi	젓가락
包裹	bāoguǒ	소포, 보따리 / 싸다, 포장하다
快递员	kuàidìyuán	택배 배달직원
菜单	càidān	메뉴, 식단, 차림표
刀叉	dāochā	나이프와 포크
麻烦你帮我	máfannǐbāngwǒ	죄송한데요, 번거롭겠지만

096
把 A 藏在 B
bǎ A cángzài B

A를 B에 감추다

STEP 1 활용예문

她**把**钱**藏在**车里了。
Tā bǎ qián cángzài chēli le.
그녀는 돈을 차 속에 감추었어요.

我儿子**把**饼干**藏在**冰箱里了。
Wǒ érzi bǎ bǐnggān cángzài bīngxiāng li le.
내 아들은 과자를 냉장고 안에 숨겼어요.

他**把**玫瑰花**藏在**书包里了。
Tā bǎ méiguīhuā cángzài shūbāo li le.
그는 장미꽃을 책가방에 숨겼어요.

我没**把**你的文件**藏在**抽屉里。
Wǒ méi bǎ nǐ de wénjiàn cángzài chōutì li.
나는 네 서류를 서랍에 감추지 않았어.

● 张伟: 你老公把私房钱藏在哪里?

　　　Nǐ lǎogōng bǎ sīfángqián cángzài nǎlǐ?

　　　네 남편은 비상금을 어디에 감추니?

○ 王芳: 他常常把私房钱藏在领带里。

　　　Tā chángcháng bǎ sīfángqián cángzài lǐngdài li.

　　　그는 자주 비상금을 넥타이 안에 잘 숨겨.

饼干	bǐnggān	과자
冰箱	bīngxiāng	냉장고
文件	wénjiàn	서류, 문건
抽屉	chōutì	서랍
玫瑰花	méiguīhuā	장미꽃
老公	lǎogōng	남편, 신랑
私房钱	sīfángqián	비상금, 쌈짓돈
领带	lǐngdài	넥타이

097

把 A 扔到 B

bǎ A rēngdào B

A를 B에 버리다

STEP 1 활용예문

他把钱包扔到桌子上了。
Tā bǎ qiánbāo rēngdào zhuōzi shang le.
그는 지갑을 책상 위에 던져두었어요.

她把烟头扔到地上了。
Tā bǎ yāntou rēngdào dì shang le.
그녀는 담배꽁초를 땅바닥에 버렸어요.

爸爸把方便面汤扔到马桶里了。
Bàba bǎ fāngbiànmiàntāng rēngdào mǎtǒng li le.
아빠는 라면국물을 변기에 버렸어요.

小李把废纸扔到垃圾桶了。
Xiǎo Lǐ bǎ fèizhǐ rēngdào lājītǒng le.
샤오리는 폐지를 쓰레기통에 버렸어요.

 **STEP 2** 실전회화

● 张伟:**我的足球你看见了没有?**
Wǒ de zúqiú nǐ kànjiàn le méiyǒu?
내 축구공 너 봤니?

○ 王芳:**妈妈**把**球**扔到**窗外去了。**
Māma bǎ qiú rēngdào chuāngwài qù le.
엄마가 공을 창문밖으로 내던졌어.

STEP 3 필수단어

扔	rēng	던지다, 버리다, 두다
钱包	qiánbāo	지갑
烟头	yāntou	담배 꽁초
马桶	mǎtǒng	좌식 변기, 양변기
废纸	fèizhǐ	폐지, 휴지
垃圾桶	lājītǒng	쓰레기통
方便面	fāngbiànmiàn	라면
汤	tāng	국물, 스프

把 A 翻译成 B
bǎ A fānyìchéng B

A를 B로 번역하다

我**把**这本书**翻译成**汉语了。
Wǒ bǎ zhè běn shū fānyìchéng Hànyǔ le.
나는 이 책을 중국어로 번역했어요.

我已经**把**这条新闻**翻译成**德语了。
Wǒ yǐjing bǎ zhè tiáo xīnwén fānyìchéng Déyǔ le.
나는 이미 이 기사를 독일어로 번역했어요.

她没**把**这篇文章**翻译成**英语。
Tā méi bǎ zhè piān wénzhāng fānyìchéng Yīngyǔ.
그녀는 이 문장을 영어로 번역하지 않았어요.

他要**把**这部小说**翻译成**日语。
Tā yào bǎ zhè bù xiǎoshuō fānyìchéng Rìyǔ.
그는 이 소설을 일본어로 번역하려고 해요.

 **STEP 2** 실전회화

● 张伟:你看过这部小说吗?
　　　Nǐ kànguo zhè bù xiǎoshuō ma?
　　　너 이 소설 본 적 있니?

○ 王芳:别说看过,
　　　Biéshuō kànguo,
　　　본 건 말할 것도 없이,

　　　我还想把这本书翻译成汉语呢。
　　　Wǒ hái xiǎng bǎ zhè běn shū fānyìchéng Hànyǔ ne.
　　　난 이 책을 중국어로 번역해 볼 생각이야.

STEP 3 필수단어

要	yào	…하려고 하다, …할 것이다
翻译	fānyì	번역하다, 통역하다
文章	wénzhāng	문장
小说	xiǎoshuō	소설
别说	biéshuō	…은 말할 것도 없이(…은 물론)
新闻	xīnwén	뉴스, 기사

099
A 把 B 打开
A　bǎ　B　dǎkāi

A가 B를 켜다, 열다

STEP 1 활용예문

把电脑打开吧。
Bǎ diànnǎo dǎkāi ba.
컴퓨터를 켜세요.

把窗户打开吧。
Bǎ chuānghu dǎkāi ba.
창문을 열어요.

别把视频打开。
Bié bǎ shìpín dǎkāi.
동영상을 켜지 마세요.

快把包裹打开吧。
Kuài bǎ bāoguǒ dǎkāi ba.
얼른 소포를 열어봐요.

스텝1의 예문은 간단한 회화표현으로 주어 A를 생략한 것입니다.

○ 王芳:我今天忘了带房卡, 怎么办?

Wǒ jīntiān wàng le dài fángkǎ, zěnmebàn?

나 오늘 방 카드를 잊고 안 가져왔어, 어떡하지?

● 张伟:跟服务员说说吧,

Gēn fúwùyuán shuōshuo ba,

직원에게 말해봐,

她会帮你把房门打开的。

tā huì bāng nǐ bǎ fángmén dǎkāi de.

방문을 열어 줄 거야.

STEP 3 필수단어

电脑	diànnǎo	컴퓨터
窗户	chuānghu	창문, 창
视频	shìpín	동영상, 영상
包裹	bāoguǒ	소포
忘	wàng	잊다
带	dài	가져오다, 지니다
房卡	fángkǎ	방 카드
帮你	bāngnǐ	…대신에, …을 도와

100
A 把 B 关上
A bǎ B guānshàng

A가 B를 끄다, 닫다

STEP 1 활용예문

把电脑关上。
Bǎ diànnǎo guānshàng.
컴퓨터를 끄세요.

别把灯关上。
Bié bǎ dēng guānshàng.
등불 끄지 말아요.

快把水龙头关上吧。
Kuài bǎ shuǐlóngtóu guānshàng ba.
어서 수도꼭지를 닫으렴.

我把电视机关上了。
Wǒ bǎ diànshìjī guānshàng le.
나는 TV를 껐어요.

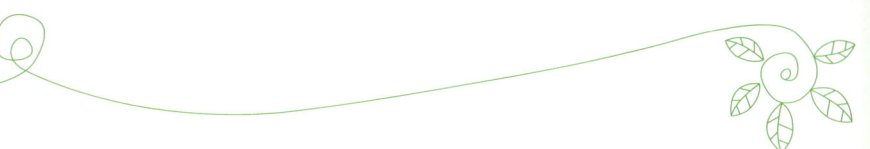

STEP 2 실전회화

● 张伟: **我的电脑好像死机了, 鼠标也不动了。**

Wǒ de diànnǎo hǎoxiàng sǐjī le, shǔbiāo yě bú dòng le.

내 컴퓨터가 아마 다운된 것 같아, 마우스도 안 움직여.

○ 王芳: **快把电脑关上, 重新启动吧。**

Kuài bǎ diànnǎo guānshàng, chóngxīn qǐdòng ba.

얼른 컴퓨터 껐다가 다시 부팅해봐.

STEP 3 필수단어

电脑	diànnǎo	컴퓨터
水龙头	shuǐlóngtóu	수도꼭지
灯	dēng	등불, 등, 램프
鼠标	shǔbiāo	마우스
死机	sǐjī	컴퓨터가 다운되다
重新	chóngxīn	다시, 새로
启动	qǐdòng	작동하다, 시동을 걸다
重启	chóngqǐ	(重新启动의 약자)리부팅하다, 컴퓨터를 다시 켜다

101

A 把 B 穿上

A　　bǎ　　B　　chuānshàng

A가 B(옷, 신발, 양말 등)를 입다

STEP 1 활용예문

我把丝袜穿上了。
Wǒ bǎ sīwà chuānshàng le.
나는 스타킹을 신었어요.

他没把运动鞋穿上。
Tā méi bǎ yùndòngxié chuānshàng.
그는 운동화를 신지 않았어요.

我要把雨衣穿上。
Wǒ yào bǎ yǔyī chuānshàng.
나는 비 옷을 입어야겠어요.

你快把羽绒服穿上吧。
Nǐ kuài bǎ yǔróngfú chuānshàng ba.
너 빨리 다운재킷을 입어라.

王芳: 都四月份了, 天气怎么这么冷呀?

Dōu sìyuèfèn le, tiānqì zěnme zhème lěng ya?

벌써 4월인데, 날씨가 왜 이렇게 춥니?

张伟: 真是鬼天气啊, 别忘了把毛衣穿上。

Zhēnshì guǐtiānqì a, biéwàngle bǎ máoyī chuānshàng.

정말 변덕스러운 날씨야. 스웨터 입는 것 잊지마.

月份	yuèfèn	월, 달
怎么这么…	zěnmezhème…	어쩜 이렇게, 왜 이렇게
鬼天气	guǐtiānqì	변덕스러운 날씨
别忘了…	biéwàngle…	…하는 것 잊지 마(상대방에게 당부할 때 쓰는 표현)
运动鞋	yùndòngxié	운동화
雨衣	yǔyī	비옷
羽绒服	yǔróngfú	다운재킷
毛衣	máoyī	스웨터
丝袜	sīwà	스타킹
真是	zhēnshì	정말, 진짜, 참

239

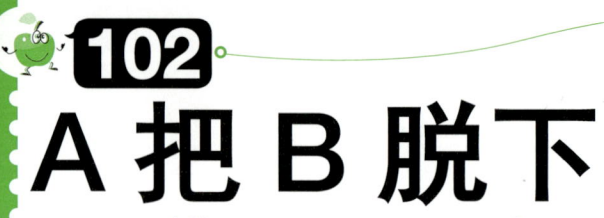

102
A 把 B 脱下
A   bǎ   B   tuōxià

A가 B(옷, 신발, 양말 등)를 벗다

STEP 1 활용예문

我把背心脱下了。
Wǒ bǎ bèixīn tuōxià le.
나는 러닝셔츠를 벗었어요.

他没把皮鞋脱下。
Tā méi bǎ píxié tuōxià.
그는 구두를 벗지 않았어요.

我要把袜子脱下。
Wǒ yào bǎ wàzi tuōxià.
나는 양말을 벗을 거에요.

他突然把拖鞋脱下了。
Tā tūrán bǎ tuōxié tuōxià le.
그는 갑자기 슬리퍼를 벗었어요.

○ 王芳: **你怎么淋成了落汤鸡呀?**
Nǐ zěnme línchéngle luòtāngjī ya?
너 어떻게 물에 빠진 생쥐처럼 젖었니?

快把大衣脱下吧。
Kuài bǎ dàyī tuōxià ba.
얼른 외투 좀 벗어.

● 张伟: **天空突然下起了一阵大雨。**
Tiānkōng tūrán xiàqǐle yí zhèn dàyǔ.
하늘에서 갑자기 소나기가 한바탕 내리기 시작하잖아.

STEP 3 필수단어

皮鞋	píxié	구두
袜子	wàzi	양말
淋	lín	(물이나 액체에)젖다
落汤鸡	luòtāngjī	물에 빠진 생쥐(국물에 빠진 병아리)
突然	tūrán	갑자기, 별안간
一阵	yízhèn	한바탕
天空	tiānkōng	하늘, 공중

103
A 把 B 戴上

A   bǎ   B   dàishàng

A가 B(목걸이, 반지 등 액세서리)를 착용해요

STEP 1 활용예문

请把帽子戴上。

Qǐng bǎ màozi dàishàng.

모자를 써 주세요.

我没把戒指戴上。

Wǒ méi bǎ jièzhǐ dàishàng.

나는 반지를 끼지 않았어요.

不要把墨镜戴上。

Búyào bǎ mòjìng dàishàng.

선글라스를 쓰지 말아요.

请你把口罩戴上吧。

Qǐng nǐ bǎ kǒuzhào dàishàng ba.

마스크를 착용하세요.

● 张伟: 祝你生日快乐。
　　　Zhù nǐ shēngrì kuàilè.
　　　생일 축하해.

　　　快把这条项链戴上吧。
　　　Kuài bǎ zhè tiáo xiàngliàn dàishàng ba.
　　　얼른 이 목걸이 차 보렴.

○ 王芳: 好漂亮啊, 真心谢谢你。
　　　hǎo piàoliang a, zhēnxīn xièxiè nǐ.
　　　정말 예쁘다. 진심으로 고마워.

STEP 3 필수단어

戴上	dàishàng	(액세서리 등)을 착용하다, 쓰다, 차다
帽子	màozi	모자
戒指	jièzhǐ	반지
墨镜	mòjìng	선글라스
项链	xiàngliàn	목걸이
真心	zhēnxīn	진심

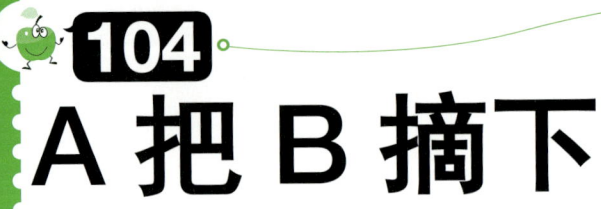

A 把 B 摘下

A　　bǎ　　B　　zhāixià

A가 B(액세서리 등)을 떼다, 빼다, 벗기다

快把手表摘下。
Kuài bǎ shǒubiǎo zhāixià.
빨리 손목시계를 풀어요.

请把手镯摘下。
Qǐng bǎ shǒuzhuó zhāixià.
팔찌를 빼 주세요.

他没把耳环摘下。
Tā méi bǎ ěrhuán zhāixià.
그는 귀고리를 빼지 않았어요.

不要把项链摘下。
Búyào bǎ xiàngliàn zhāixià.
목걸이를 빼지 말아요.

STEP 2　실전회화

● 张伟:**明天我要去相亲,**

Míngtiān wǒ yào qù xiāngqīn,

내일 선 보는데,

希望她能喜欢上我。

xīwàng tā néng xǐhuanshàng wǒ.

그녀도 내가 맘에 들었으면 좋겠어.

○ 王芳:**记住这一点, 千万别把眼镜摘下。**

Jìzhù zhèyìdiǎn, qiānwàn bié bǎ yǎnjìng zhāixià.

이것만 기억해, 절대 안경은 벗지마.

STEP 3　필수단어

手镯	shǒuzhuó	팔찌
耳环	ěrhuán	귀고리
项链	xiàngliàn	목걸이
手表	shǒubiǎo	손목시계
相亲	xiāngqīn	맞선을 보다
记住	jìzhù	확실히 기억해두다, 똑똑히 기억하다
千万别…	qiānwànbié…	절대…하지 말아요

105

A 把 B 弄丢
A　bǎ　B　nòngdiū

A가 B를 잃어버렸어요

STEP 1 활용예문

我**把**护照**弄丢**了。
Wǒ bǎ hùzhào nòngdiū le.
나는 여권을 잃어버렸어요.

她**把**手机**弄丢**了。
Tā bǎ shǒujī nòngdiū le.
그녀는 휴대폰을 잃어버렸어요.

他没**把**笔记本电脑**弄丢**。
Tā méi bǎ bǐjìběndiànnǎo nòngdiū.
그는 노트북을 잃어버리지 않았어요.

我不小心**把**机票**弄丢**了。
Wǒ bùxiǎoxīn bǎ jīpiào nòngdiū le.
난 실수로 비행기티켓을 잃어버렸어요.

STEP 2 실전회화

● 张伟: 真糟糕, 我把钱包弄丢了。

Zhēn zāogāo, wǒ bǎ qiánbāo nòngdiū le.

큰일났어, 나 지갑을 잃어버렸어.

○ 王芳: 你真是个马大哈, 赶紧去报警吧。

Nǐ zhēnshì gè mǎdàhā, gǎnjǐn qù bàojǐng ba.

넌 너무 조심성이 없어, 얼른 가서 신고해.

STEP 3 필수단어

护照	hùzhào	여권
手机	shǒujī	휴대폰
笔记本电脑	bǐjìběndiànnǎo	노트북 컴퓨터
机票	jīpiào	비행기 티켓
不小心	bùxiǎoxīn	조심하지 않다, 실수로
糟糕	zāogāo	엉망이 되다, 망치다, 야단났군
钱包	qiánbāo	지갑
马大哈	mǎdàhā	덜렁대다, 조심성이 없다, 덜렁꾼
赶紧	gǎnjǐn	서둘러, 재빨리, 황급히, 얼른, 어서
报警	bàojǐng	경찰에 신고하다

106

A 把 B 找回来
A　bǎ　B　zhǎohuílái

A가 B를 되찾았어요

我把书包找回来了。
Wǒ bǎ shūbāo zhǎohuílái le.
나는 책가방을 되찾았어요.

他没把运动鞋找回来。
Tā méi bǎ yùndòngxié zhǎohuílái.
그는 운동화를 되찾지 못했어요.

她已经把钱找回来了。
Tā yǐjing bǎ qián zhǎohuílái le.
그녀는 이미 돈을 되찾았어요.

我一定要把名誉找回来。
Wǒ yídìng yào bǎ míngyù zhǎohuílái.
나는 명예를 반드시 되찾을 거에요.

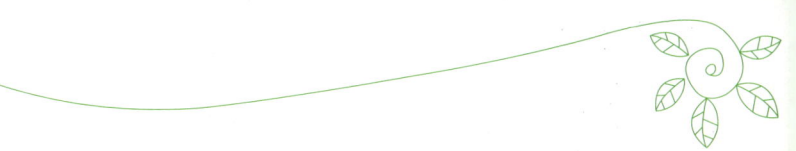

STEP 2 실전회화

● 张伟:听说你把手机弄丢了。

Tīngshuō nǐ bǎ shǒujī nòngdiū le.

듣자하니 너 휴대폰 잃어버렸다면서.

○ 王芳:我已经把手机找回来了。

Wǒ yǐjing bǎ shǒujī zhǎohuílái le.

난 벌써 휴대폰 되찾았어.

STEP 3 필수단어

书包	shūbāo	책가방
运动鞋	yùndòngxié	운동화
已经	yǐjing	이미, 벌써
一定要…	yídìngyào…	반드시…할 것이다
名誉	míngyù	명예
听说	tīngshuō	듣자하니, …라고 들었다

107

A 把 B 弄脏

A bǎ B nòngzāng

A가 B를 더럽혔어요

 STEP 1 활용예문

我把书包弄脏了。

Wǒ bǎ shūbāo nòngzāng le.

난 책가방을 더럽혔어요.

她把连衣裙弄脏了。

Tā bǎ liányīqún nòngzāng le.

그녀가 원피스를 더럽혔어요.

别把运动鞋弄脏了。

Bié bǎ yùndòngxié nòngzāng le.

옷을 더럽히지 말아요.

宠物狗把地毯弄脏了。

Chǒngwùgǒu bǎ dìtǎn nòngzāng le.

애완견이 카펫을 더럽혔어요.

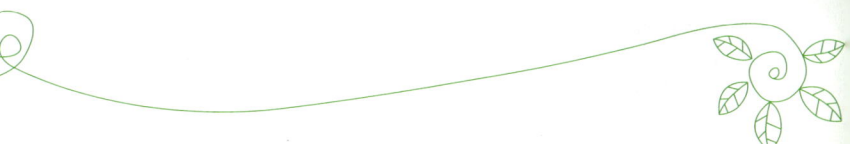

STEP 2 실전회화

● 张伟: 你在洗什么呀?

Nǐ zài xǐ shénme ya?

너 뭘 씻고 있니?

○ 王芳: 我在洗衬衫呢,

Wǒ zài xǐ chènshān ne,

셔츠를 빨고 있어,

我宝宝不小心把衬衫弄脏了。

wǒ bǎobǎo bùxiǎoxīn bǎ chènshān nòngzāng le.

우리 아가가 실수로 옷을 더럽혔거든.

STEP 3 필수단어

弄脏	nòngzāng	더럽히다
书包	shūbāo	책가방
连衣裙	liányīqún	원피스
运动鞋	yùndòngxié	운동화
宠物狗	chǒngwùgǒu	애완견
地毯	dìtǎn	양탄자, 카펫
衬衫	chènshān	셔츠
不小心	bùxiǎoxīn	잘못해서, 실수로

108
A 把 B 洗干净
A　　bǎ　　B　　xǐgānjìng

A가 B를 깨끗이 씻어요

STEP 1 활용예문

我把衬衫洗干净了。
Wǒ bǎ chènshān xǐgānjìng le.
나는 와이셔츠를 깨끗이 씻었어요.

他没把袜子洗干净。
Tā méi bǎ wàzi xǐgānjìng.
그는 양말을 깨끗이 씻지 않았어요.

她已经把牛仔裤洗干净了。
Tā yǐjing bǎ niúzǎikù xǐgānjìng le.
그녀는 이미 청바지를 깨끗하게 빨았어요.

你快把毛巾洗干净。
Nǐ kuài bǎ máojīn xǐgānjìng.
너 얼른 수건 깨끗하게 빨아놓아라.

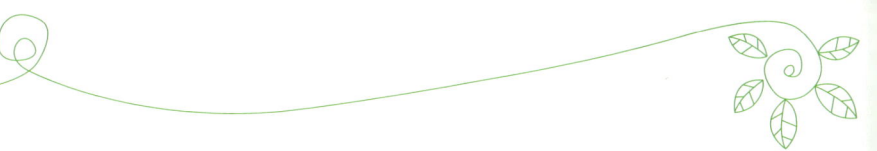

STEP 2 실전회화

● 张伟: 很抱歉, 我不小心把围巾弄脏了。
Hěn bàoqiàn, wǒ bùxiǎoxīn bǎ wéijīn nòngzāng le.
정말 미안해, 내가 실수로 스카프를 더럽혔어.

○ 王芳: 没事儿, 只要把围巾洗干净了就是了。
Méishìr, zhǐyào bǎ wéijīn xǐgānjìngle jiùshì le.
괜찮아, 스카프 깨끗하게 씻기만 하면 돼.

STEP 3 필수단어

衬衫	chènshān	셔츠, 와이셔츠
袜子	wàzi	양말
牛仔裤	niúzǎikù	청바지
毛巾	máojīn	수건, 타월
抱歉	bàoqiàn	미안합니다, 죄송합니다
围巾	wéijīn	목도리, 스카프, 머플러
不小心	bù xiǎoxīn	실수로, 잘못해서
…就是了	…jiùshìle	…하면 된다, …하면 그만이다

253

109

A 把 B 弄坏

A   bǎ   B   nònghuài

A가 B를 망가뜨렸어요

他把洗衣机弄坏了。
Tā bǎ xǐyījī nònghuài le.
그는 세탁기를 고장 냈어요.

我没把微波炉弄坏。
Wǒ méi bǎ wēibōlú nònghuài.
나는 전자레인지를 고장내지 않았어요.

她又把手表弄坏了。
Tā yòu bǎ shǒubiǎo nònghuài le.
그녀는 또 시계를 망가뜨렸어요.

我不小心把电脑弄坏了。
Wǒ bùxiǎoxīn bǎ diànnǎo nònghuài le.
난 실수로 컴퓨터를 고장 냈어요.

● 张伟: **你干嘛去?**

Nǐ gànmá qù?

너 어디 가니?

○ 王芳: **我儿子把我的手机弄坏了,**

Wǒ érzi bǎ wǒ de shǒujī nònghuài le,

우리 아들이 휴대폰을 망가뜨려서,

我想到售后服务中心去维修。

wǒ xiǎng dào shòuhòu fúwùzhōngxīn qù wéixiū.

서비스센터에 가서 손보려고 해.

洗衣机	xǐyījī	세탁기
微波炉	wēibōlú	전자레인지
手表	shǒubiǎo	시계
电脑	diànnǎo	컴퓨터
售后服务	shòuhòufúwù	애프터서비스
干嘛去	gànmáqù	뭐 하러 가는 거야?
维修	wéixiū	보수하다, 수선하다, 고치다, 손보다

110
A 把 B 修好

A　　bǎ　　B　　xiūhǎo

A가 B를 잘 고쳤어요

STEP 1 활용예문

我把电脑修好了。
Wǒ bǎ diànnǎo xiūhǎo le.
나는 컴퓨터를 잘 고쳤어요.

他没把自行车修好。
Tā méi bǎ zìxíngchē xiūhǎo.
그는 자전거를 잘 고치지 못했어요.

爸爸把椅子修好了。
Bàba bǎ yǐzi xiūhǎo le.
아빠가 의자를 잘 고쳤어요.

她没把洗衣机修好。
Tā méi bǎ xǐyījī xiūhǎo.
그녀는 세탁기를 잘 고치지 못했어요.

● 张伟: 你的笔记本现在能用吗?

　　　Nǐ de bǐjìběn xiànzài néng yòng ma?

　　　너 노트북 지금은 사용할 수 있니?

○ 王芳: 那还用说, 我已经把笔记本修好了。

　　　Nàháiyòngshuō, wǒ yǐjing bǎ bǐjìběn xiūhǎo le.

　　　당연하지, 난 이미 노트북을 잘 고쳤어.

电脑	diànnǎo	컴퓨터
椅子	yǐzi	의자
自行车	zìxíngchē	자전거
洗衣机	xǐyījī	세탁기
笔记本	bǐjìběn	노트북컴퓨터(=笔记本电脑)
那还用说	nàháiyòngshuō	그걸 말이라고해, 당연하지

A 把 B 删掉
A   bǎ   B   shāndiào

A가 B를 삭제하다

STEP 1 활용예문

他把恶性回帖删掉了。
Tā bǎ èxìng huítiě shāndiào le.
그는 악플을 삭제했어요.

她没把短信删掉。
Tā méi bǎ duǎnxìn shāndiào.
그녀는 문자메시지를 삭제하지 않았어요.

我把桌面上的文件都删掉了。
Wǒ bǎ zhuōmiàn shang de wénjiàn dōu shāndiào le.
나는 바탕화면의 파일을 모두 지웠어요.

我想把这几个汉字删掉。
Wǒ xiǎng bǎ zhè jǐ gè Hànzì shāndiào.
나는 이 몇 개의 한자를 삭제하고 싶어요.

● 张伟: 你知道丽丽的手机号吗?

Nǐ zhīdao Lìlì de shǒujīhào ma?

너 리리의 휴대폰번호 알고 있니?

○ 王芳: 我跟她吵了架以后,

Wǒ gēn tā chǎole jià yǐhòu,

난 걔랑 말다툼 한 후에,

把她的手机号删掉了。

bǎ tā de shǒujīhào shāndiào le.

걔 휴대폰번호 지워버렸어.

STEP 3 필수단어

短信	duǎnxìn	문자메시지
恶性	èxìng	악성의, 악질적인
回帖	huítiě	인터넷 게시글의 댓글
桌面	zhuōmiàn	바탕화면
文件	wénjiàn	파일, 문서, 서류
吵架	chǎojià	말다툼하다, 다투다

259

112

A 把 B 扔掉

A bǎ B rēngdiào

A가 B를 버리다

我把旧书扔掉了。

Wǒ bǎ jiùshū rēngdiào le.

나는 헌 책을 버렸어요.

妈妈没把旧衣服扔掉。

Māma méi bǎ jiùyīfu rēngdiào.

엄마는 헌 옷을 버리지 않았어요.

她把用完的化妆品扔掉了。

Tā bǎ yòngwán de huàzhuāngpǐn rēngdiào le.

그녀는 다 쓴 화장품을 버렸어요.

我还没把发票扔掉。

Wǒ hái méi bǎ fāpiào rēngdiào.

나는 아직 영수증을 버리지 않았어요.

● 张伟: 昨天那个电影票你还没扔吧?

Zuótiān nà ge diànyǐngpiào nǐ hái méi rēng ba?

어제 그 영화표 너 아직 안 버렸지?

○ 王芳: 我早就把那张票扔掉了。

Wǒ zǎojiù bǎ nà zhāng piào rēngdiào le.

난 진작에 그 영화표 버렸지.

怎么了?

Zěnmele?

왜 그래?

旧	jiù	낡다, 헐다, 오래되다
化妆品	huàzhuāngpǐn	화장품
早就	zǎojiù	진작에, 일찌감치
还没	háiméi	아직…하지 않다
发票	fāpiào	영수증
电影票	diànyǐngpiào	영화표
怎么了	zěnmele	무슨 일이야? 어떻게 된 거야?

113

A 把 B 看完
A bǎ B kànwán

A가 B를 다 봤어요

我把书看完了。
Wǒ bǎ shū kànwán le.
나는 책을 다 봤어요.

他把报纸看完了。
Tā bǎ bàozhǐ kànwán le.
그는 신문을 다 봤어요.

她没把这本小说看完。
Tā méi bǎ zhè běn xiǎoshuō kànwán.
그녀는 이 소설을 다 읽지 못했어요.

我还没把电影看完。
Wǒ hái méi bǎ diànyǐng kànwán.
나는 영화를 아직 다 못 봤어요.

● 张伟: 这些材料你都看完了没?

Zhè xiē cáiliào nǐ dōu kànwánle méi?

이 자료들 너 다 봤니?

○ 王芳: 我已经把这些材料看完了。

Wǒ yǐjing bǎ zhè xiē cáiliào kànwán le.

난 이미 이 자료들을 다 읽었어.

STEP 3 필수단어

报纸	bàozhǐ	신문
小说	xiǎoshuō	소설
还没	háiméi	아직…하지 않아요
材料	cáiliào	자료, 데이터
已经	yǐjing	이미, 벌써
电影	diànyǐng	영화

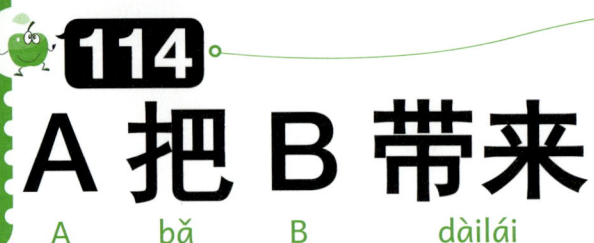

114

A 把 B 带来
A bǎ B dàilái

A가 B를 가져왔어요

 STEP 1 활용예문

我把盒饭带来了。
Wǒ bǎ héfàn dàilái le.
나는 도시락을 가져왔어요.

她把娃娃带来了。
Tā bǎ wáwa dàilái le.
그녀는 인형을 가져왔어요.

他没把雨伞带来。
Tā méi bǎ yǔsǎn dàilái.
그는 우산을 가져오지 않았어요.

我要把充电宝带来。
Wǒ yào bǎ chōngdiànbǎo dàilái.
나는 충전기를 가져올 거에요.

● 张伟: 你把笔记本带来了没有?

Nǐ bǎ bǐjìběn dàilái le méiyǒu?

너 노트북 가져왔니 안 가져왔니?

○ 王芳: 我没有把笔记本带来。

Wǒ méiyǒu bǎ bǐjìběn dàilái.

나 노트북 안 가져왔는데.

STEP 3 필수단어

盒饭	héfàn	도시락
娃娃	wáwa	여자아이, 인형
雨伞	yǔsǎn	우산
笔记本	bǐjìběn	노트북 컴퓨터
充电宝	chōngdiànbǎo	충전기, 보조배터리

115

A 把 B 记下来
A   bǎ   B   jìxiàlái

A가 B를 기록해 두었어요

我把留言记下来了。
Wǒ bǎ liúyán jìxiàlái le.
나는 메시지를 기록해 두었어요.

我想把这些句子记下来。
Wǒ xiǎng bǎ zhè xiē jùzi jìxiàlái.
나는 이 문장들을 써 놓을 거에요.

我把公司的地址记下来了。
Wǒ bǎ gōngsī de dìzhǐ jìxiàlái le.
나는 회사의 주소를 써 두었어요.

她没把经理说的话记下来。
Tā méi bǎ jīnglǐ shuō de huà jìxiàlái.
그녀는 사장님이 한 말을 적어두지 않았어요.

 **실전회화**

○ **王芳**:你打算买哪些东西?

　　Nǐ dǎsuan mǎi nǎ xiē dōngxi?

　　너 어떤 물건들 살 계획이니?

● **张伟**:我已经**把**该买的东西都**记下来**了。

　　Wǒ yǐjing bǎ gāimǎi de dōngxi dōu jìxiàlái le.

　　난 이미 사야 되는 물건들을 다 써놨어.

STEP 3 필수단어

留言	liúyán	메시지, 메모, 쪽지
地址	dìzhǐ	주소
句子	jùzi	문장, 구문
打算	dǎsuan	…할 작정이다, …할 계획이다
该	gāi	마땅히…해야 한다
东西	dōngxi	물건, 것
经理	jīnglǐ	책임자, 사장, 매니저, 지배인

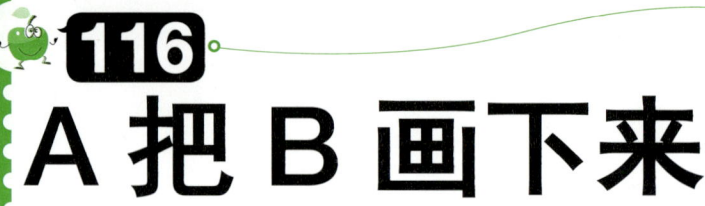

116

A 把 B 画下来

A   bǎ   B   huàxiàlái

A가 B를 그려두다

我把这里的风景画下来了。

Wǒ bǎ zhèlǐ de fēngjǐng huàxiàlái le.

나는 이 곳의 풍경을 그려뒀습니다.

她要把自己画下来。

Tā yào bǎ zìjǐ huàxiàlái.

그녀는 자신을 그려놓으려고 합니다.

他没把这只小狗画下来。

Tā méi bǎ zhè zhī xiǎogǒu huàxiàlái.

그는 이 강아지를 그려두지 않았어요.

我想把这棵树画下来。

Wǒ xiǎng bǎ zhè kē shù huàxiàlái.

나는 이 나무를 그려두고 싶어요.

● 张伟: 你在这里干什么呢?

Nǐ zài zhèli gàn shénme ne?

너 여기에서 뭐하니?

○ 王芳: 我要把他们打篮球的样子画下来。

Wǒ yào bǎ tāmen dǎ lánqiú de yàngzi huàxiàlái.

난 쟤들 농구하는 모습을 그려 두려고 해.

STEP 3 필수단어

风景	fēngjǐng	풍경, 경치
小狗	xiǎogǒu	강아지
打篮球	dǎlánqiú	농구를 하다
样子	yàngzi	모양, 모습, 꼴, 형태
要	yào	…하려고 한다, …해야한다
棵	kē	그루, 나무를 세는 양사
树	shù	나무, 수목
干什么	gànshénme	무엇을 하니?, 무슨 일을 하니?

117
A 把 B 拍下来
A　　bǎ　　B　　pāixiàlái

A가 B를 사진 찍어 두었어요

STEP 1 활용예문

我把那辆车拍下来了。
Wǒ bǎ nà liàng chē pāixiàlái le.
나는 그 차를 사진 찍어 두었어요.

她要把眼前的风景拍下来。
Tā yào bǎ yǎnqián de fēngjǐng pāixiàlái.
그녀는 눈앞의 풍경을 사진 찍어 두려고 해요.

我把这双运动鞋拍下来了。
Wǒ bǎ zhè shuāng yùndòngxié pāixiàlái le.
나는 이 운동화를 사진 찍어 두었어요.

他没把这座桥拍下来。
Tā méi bǎ zhè zuò qiáo huàxiàlái.
그는 이 다리를 사진 찍어두지 않았어요.

● 张伟: 你把摄像机带来了吗?
　　　Nǐ bǎ shèxiàngjī dàiláile ma?
　　　너 카메라 가져왔니?

○ 王芳: 那还用说!
　　　Nàháiyòngshuō!
　　　당연하지.

　　　我要把他们的表演拍下来。
　　　Wǒ yào bǎ tāmen de biǎoyǎn pāixiàlái.
　　　나는 그들의 공연을 찍어둘거야.

STEP 3 필수단어

眼前	yǎnqián	눈앞, 부근, 근처
风景	fēngjǐng	풍경, 경치
双	shuāng	쌍으로 된 것을 세는 양사
运动鞋	yùndòngxié	운동화
座	zuò	건물이나 산, 도시 등을 세는 양사
桥	qiáo	교각, 다리
摄像机	shèxiàngjī	카메라
表演	biǎoyǎn	공연
那还用说	nàháiyòngshuō	그걸 말이라고 해, 당연하지

A 把 B 掉下来
A   bǎ   B   diàoxiàlái

A가 B를 떨어뜨렸어요

 **STEP 1** 활용예문

我把帽子掉下来了。
Wǒ bǎ màozi diàoxiàlái le.
나는 모자를 떨어뜨렸어요.

他故意把词典掉下来了。
Tā gùyì bǎ cídiǎn diàoxiàlái le.
그는 일부러 사전을 떨어뜨렸어요.

她没把钱包掉下来。
Tā méi bǎ qiánbāo diàoxiàlái.
그녀는 지갑을 떨어뜨리지 않았어요.

我没把眼镜掉下来。
Wǒ méi bǎ yǎnjìng diàoxiàlái.
나는 안경을 떨어뜨리지 않았어요.

● 张伟: **你的手机怎么了?**

Nǐ de shǒujī zěnmele?

너 휴대폰이 왜 그래?

○ 王芳: **我不小心把手机掉下来了。**

Wǒ bùxiǎoxīn bǎ shǒujī diàoxiàlái le.

내가 실수로 휴대폰을 떨어뜨렸어.

STEP 3 필수단어

帽子	màozi	모자
故意	gùyì	일부러, 고의로
词典	cídiǎn	사전
钱包	qiánbāo	지갑
不小心	bùxiǎoxīn	실수로
眼镜	yǎnjìng	안경
手机	shǒujī	휴대전화

119

A 把 B 捡起来

A　　bǎ　　B　　jiǎnqǐlái

A가 B를 주워요

 STEP 1 활용예문

我把钥匙捡起来了。
Wǒ bǎ yàoshi jiǎnqǐlái le.
나는 열쇠를 집었어요.

他把羽毛球捡起来了。
Tā bǎ yǔmáoqiú jiǎnqǐlái le.
그는 셔틀콕을 주웠어요.

他没把钱包捡起来。
Tā méi bǎ qiánbāo jiǎnqǐlái.
그는 지갑을 줍지 않았어요.

她把掉在地上的笔捡起来了。
Tā bǎ diàozài dìshàng de bǐ jiǎnqǐlái le.
그녀는 땅에 떨어진 펜을 주웠어요.

 **STEP 2** 실전회화

○ 王芳: 请把我的护照捡起来, 可以吗?

Qǐng bǎ wǒ de hùzhào jiǎnqǐlái, kěyǐ ma?

제 여권 좀 집어주실 수 있어요?

● 张伟: 好, 给你!

hǎo, gěi nǐ!

좋아요, 여기 있어요!

STEP 3 필수단어

捡	jiǎn	줍다
掉	diào	떨어지다, 떨어뜨리다, 떨구다
钥匙	yàoshi	열쇠
钱包	qiánbāo	지갑
羽毛球	yǔmáoqiú	셔틀콕, 배드민턴 공
护照	hùzhào	여권

120
A 把 B 放在心上
A　bǎ　B　fàngzàixīnshàng

A가 B를 염두에 두다

别把那件事放在心上。
Bié bǎ nà jiàn shì fàngzàixīnshàng.
그 일 마음에 담아 두지 마세요.

他从来不把钱放在心上。
Tā cónglái bù bǎ qián fàngzàixīnshàng.
그는 늘 돈을 마음에 담아 두지 않아요.

不要把负面的情绪放在心上。
Búyào bǎ fùmiàn de qíngxù fàngzàixīnshàng.
부정적인 감정을 마음에 담아두지 말아요.

不要把失恋的事情放在心上。
Búyào bǎ shīliàn de shìqíng fàngzàixīnshàng.
실연한 일을 마음에 담아두지 말아요.

STEP 2 실전회화

● 张伟: 别把她说的话放在心上。

Bié bǎ tā shuō de huà fàngzàixīnshàng.

그녀가 한 말 마음에 담아두지 마라.

○ 王芳: 我也知道, 她只是说说气话而已。

Wǒ yě zhīdao, tā zhǐshì shuōshuo qìhuà éryǐ.

나도 알아. 걔는 그저 홧김에 한 말일 뿐이야.

STEP 3 필수단어

负面	fùmiàn	소극적인 면, 부정적인 면
情绪	qíngxù	정서, 감정, 마음, 기분
失恋	shīliàn	실연당하다, 연애에 실패하다
只是…而已	zhǐshì…éryǐ	그저…할 뿐이다, 단지…따름이다
气话	qìhuà	(남을) 화나게 하는 말, 화내는 말, 화가 담긴 말

121
A 把 B 看得很重

A   bǎ   B   kàndehěnzhòng

A는 B를 매우 중요하게 생각해요

 **STEP 1** 활용예문

我把家庭看得很重。
Wǒ bǎ jiātíng kàndehěnzhòng.
나는 가정을 아주 소중하게 생각해요.

她把工作看得很重。
Tā bǎ gōngzuò kàndehěnzhòng.
그녀는 일을 아주 중요하게 생각해요.

他把钱看得很重。
Tā bǎ qián kàndehěnzhòng.
그는 돈을 아주 중요하게 생각해요.

我总是把友谊看得很重。
Wǒ zǒngshì bǎ yǒuyì kàndehěnzhòng.
나는 항상 우정을 아주 중요하게 생각해요.

● 张伟: **你又要去健身房?**
Nǐ yòuyào qù jiànshēnfáng?
너 또 헬스클럽에 가니?

看来你很喜欢运动。
Kànlái nǐ hěn xǐhuan yùndòng.
보아하니 운동을 정말 좋아하는 구나.

○ 王芳: **我把健康看得很重。**
Wǒ bǎ jiànkāng kàndehěnzhòng.
나는 건강을 아주 중요하게 생각해.

STEP 3 필수단어

工作	gōngzuò	일, 업무, 일하다, 작업하다
家庭	jiātíng	가정
健康	jiànkāng	건강
运动	yùndòng	운동
友谊	yǒuyì	우정
健身房	jiànshēnfáng	헬스 클럽
看来	kànlái	보아하니, 보기에…하다

122
A 把 B 看得很淡
A　　bǎ　　B　　kàndehěndàn

A는 B를 대수롭지 않게 여겨요

STEP 1 활용예문

我把成绩看得很淡。
Wǒ bǎ chéngjì kàndehěndàn.
나는 성적을 별로 신경 쓰지 않아요.

她把爱情看得很淡。
Tā bǎ àiqíng kàndehěndàn.
그녀는 사랑을 별로 신경 쓰지 않아요.

他把友情看得很淡。
Tā bǎ yǒuqíng kàndehěndàn.
그는 우정을 너무 쉽게 생각해요.

我把名利看得很淡。
Wǒ bǎ mínglì kàndehěndàn.
나는 명리(명예와 이익)에 집착하지 않아요.

王芳: 你怎么愁眉苦脸呢?

Nǐ zěnme chóuméikǔliǎn ne?

너 왜 우거지상을 하고 있니?

张伟: 我儿子不争气,

Wǒ érzi bù zhēngqì,

우리 아들은 너무 노력을 안 해.

他把学习看得很淡。

tā bǎ xuéxí kàndehěndàn.

걔는 공부에 신경을 안 써.

愁眉苦脸	chóuméikǔliǎn	걱정과 고뇌에 쌓인 표정, 우거지상
争气	zhēngqì	잘 하려고 애쓰다, 지지 않으려고 애쓰다, 분발하다
学习	xuéxí	공부하다
成绩	chéngjì	성적
爱情	àiqíng	애정, 사랑
友情	yǒuqíng	우정

Chapter 6　被 ～에게 ～되다

被는 중국어의 전치사 중에서 목적어가 어떻게 처리되었음을 보여주는 수동태, 즉 피동을 나타냅니다. 被는 "~은 ~에 의해 ~되다"라는 뜻을 나타냅니다.

① 완료형

"~되었어요"라고 할 때는 "동사+보어"의 뒤에 동태조사 了를 넣어주면 됩니다.

书被朋友借走了。 책은 친구가 빌려갔어요.

自行车被小偷偷走了。 자전거는 좀도둑이 훔쳐갔어요.

② 부정형

"~ 안 되었어요"라고 표현할 때는 전치사 被의 앞에 부정부사 没를 붙이면 됩니다.

大树被风刮倒了。 나무가 바람에 넘어졌어요.

→ 大树没被风刮倒。
　　나무가 바람에 넘어지지 않았어요.

③ 의미상의 피동문

동사행위의 주체, 즉, 被의 뒤에 나오는 단어를 말하지 않아도 될 경우 생략이 가능합니다.

小李被(누구)送到机场了。 샤오리는 (누구에 의해)공항에 배웅 받았어요.

→ 小李被送到机场了。
　　샤오리는 공항까지 배웅 받았어요.

④ **부사의 활용**

다양한 의미나 상황을 보충설명할 때 전치사 被의 앞에 부사를 넣어줄 수 있습니다.

这件事被人忘记了。 이 일은 사람들에게 잊혀졌어요.

→ **这件事已经被人忘记了。**

이 일은 이미 사람들에게 잊혀졌어요.

A 被 B 打

A bèi B dǎ

A는 B에게 맞았어요

 **STEP 1** 활용예문

我被他打了。
Wǒ bèi tā dǎ le.
나는 그에게 맞았어요.

我朋友被人打了。
Wǒ péngyou bèi rén dǎ le.
내 친구는 사람에게 맞았어요.

小偷被警察打了一顿。
Xiǎotōu bèi jǐngchá dǎ le yídùn.
도둑은 경찰에게 한차례 두들겨 맞았어요.

孩子没被妈妈打屁股。
Háizi méi bèi māma dǎ pìgu.
아이가 엄마에게 엉덩이를 맞지 않았어요.

○ 王芳: **你的脸怎么了? 又打架了吗? 被朋友打了?**

Nǐ de liǎn zěnmele? Yòu dǎjià le ma? Bèi péngyou dǎ le?

너 얼굴이 왜 그래? 또 싸웠니? 친구한테 맞았니?

● 张伟: **我的脸是被打成这样的,**

Wǒ de liǎn shì bèi dǎchéng zhèyàng de,

내 얼굴이 맞아서 이 모양이면,

你猜他现在被打成什么样子了?

nǐ cāi tā xiànzài bèi dǎchéng shénme yàngzi le?

걘 지금 맞아서 어떻게 되었을 것 같니?

被의 뒤에 나오는 B는 상황에 따라 생략이 가능해요.

STEP 3 필수단어

小偷	xiǎotōu	도둑, 좀도둑
警察	jǐngchá	경찰
顿	dùn	욕, 구타 그리고 식사의 끼니를 세는 양사
屁股	pìgu	엉덩이
打架	dǎjià	주먹으로 싸우다, 다투다
猜	cāi	추측하다, 알아맞히다

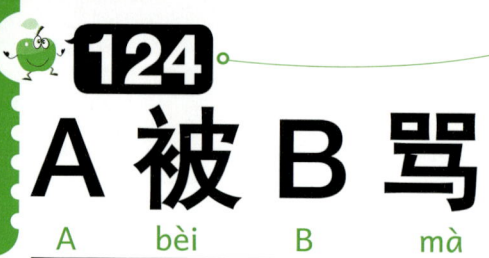

A 被 B 骂

A   bèi   B   mà

A는 B에게 욕 먹었어요

STEP 1 활용예문

我被她骂了。

Wǒ bèi tā mà le.

나는 그녀에게 욕 먹었어요.

她被总经理骂了。

Tā bèi zǒngjīnglǐ mà le.

그녀는 총경리(사장)에게 욕을 먹었어요.

他没被导演骂。

Tā méi bèi dǎoyǎn mà.

그는 감독에서 욕 먹지 않았어요.

那个明星被观众骂了一顿。

Nà gè míngxīng bèi guānzhòng mà le yídùn.

그 스타는 관중들에게 욕을 한바탕 먹었어요.

 **실전회화**

⭘ 王芳: 你又被老师骂了吗?

Nǐ yòu bèi lǎoshī mà le ma?

너 또 선생님에게 혼났니?

● 张伟: 今天我居然没被老师骂。

Jīntiān wǒ jūrán méi bèi lǎoshī mà.

오늘 의외로 선생님께 혼나지 않았어.

她表扬我了。

Tā biǎoyáng wǒ le.

선생님께서 날 칭찬해주셨어.

STEP 3 **필수단어**

总经理	zǒngjīnglǐ	총경리, 사장, 최고경영자
导演	dǎoyǎn	감독
明星	míngxīng	스타, 샛별
观众	guānzhòng	관중
居然	jūrán	뜻밖에, 의외로
表扬	biǎoyáng	칭찬하다, 표창하다

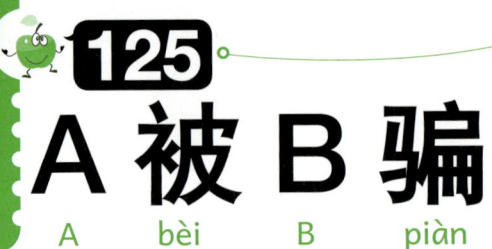

A 被 B 骗
A bèi B piàn

A는 B에게 속았어요

我被他骗了。
Wǒ bèi tā piàn le.
나는 그에게 속았어요.

她被老公的微笑骗了。
Tā bèi lǎogōng de wēixiào piàn le.
그녀는 남편의 미소에 속았어요.

老师被学生的谎话骗了。
Lǎoshī bèi xuéshēng de huǎnghuà piàn le.
선생님은 학생의 거짓말에 속았어요.

妈妈被儿子的假话骗了。
Māma bèi érzi de jiǎhuà piàn le.
엄마는 아들의 거짓말에 속았어요.

○ 王芳: 我新买的运动鞋质量怎么这么差?

Wǒ xīnmǎi de yùndòngxié zhìliàng zěnme zhème chà?

나 새로 산 운동화 품질이 어쩜 이렇게 나쁘니?

● 张伟: 你又被广告骗了。

Nǐ yòu bèi guǎnggào piàn le.

너 또 광고에 속았구나.

STEP 3 필수단어

骗	piàn	속이다, 기만하다
假话	jiǎhuà	거짓말
谎话	huǎnghuà	거짓말, 허튼소리, 허언
质量	zhìliàng	품질, 질
差	chà	나쁘다, 좋지않다
广告	guǎnggào	광고, 홍보, 선전
怎么这么…	zěnmezhème…	어쩜 이렇게 …하지?

A 被 B 发现

A　　bèi　　B　　fāxiàn

A는 B에게 들켰어요

小偷儿被警察发现了。

Xiǎotōur bèi jǐngchá fāxiàn le.

좀도둑이 경찰에게 들켰어요.

我的秘密被大家发现了。

Wǒ de mìmì bèi dàjiā fāxiàn le.

내 비밀을 모두에게 들켰어요.

我的成绩单被妈妈发现了。

Wǒ de chéngjìdān bèi māma fāxiàn le.

내 성적표를 엄마에게 들켰어요.

他考试作弊被老师发现了。

Tā kǎoshì zuòbì bèi lǎoshī fāxiàn le.

그는 시험보다 커닝을 해서 선생님께 들켰어요.

STEP 2 실전회화

王芳: 你能借给我一万块钱吗?

Nǐ néng jiègěi wǒ yíwàn kuàiqián ma?

너 나에게 만 원 빌려줄 수 있니?

张伟: 不好意思, 我的私房钱被老婆发现了,

Bùhǎoyìsi, wǒ de sīfángqián bèi lǎopó fāxiàn le,

미안해, 내 비상금을 아내에게 들켰어,

最近手头有点儿紧。

zuìjìn shǒutóu yǒudiǎnr jǐn.

요즘 주머니 사정이 좀 좋지 않아.

STEP 3 필수단어

小偷儿	xiǎotōur	좀도둑
警察	jǐngchá	경찰
秘密	mìmì	비밀
成绩单	chéngjìdān	성적표
作弊	zuòbì	커닝하다, 부정행위를 하다
私房钱	sīfángqián	비상금, 쌈짓돈, 꼬불쳐 둔 돈
手头儿紧	shǒutóurjǐn	주머니 사정이 좋지 않다, 돈이 마르다

127

A 被 B 迷住

A bèi B mízhù

A는 B에게 푹 빠졌다

我被她的歌声迷住了。

Wǒ bèi tā de gēshēng mízhù le.

나는 그녀의 노랫소리에 사로잡혔다.

游客被泰山的风景迷住了。

Yóukè bèi Tài Shān de fēngjǐng mízhù le.

여행객들은 태산의 풍경에 매료되었다.

人们被他的口才迷住了。

Rénmen bèi tā de kǒucái mízhù le.

사람들은 그의 말솜씨에 미혹되었다.

不要被甜言蜜语迷住。

Búyào bèi tiányánmìyǔ mízhù.

달콤한 말에 홀리지 마세요.

● 张伟: 你在这儿干什么?

Nǐ zài zhèr gàn shénme?

너 여기에서 뭐해?

○ 王芳: 我被路边的花儿迷住了,

Wǒ bèi lùbiān de huār mízhù le,

난 길가의 꽃들에 푹 빠졌어.

别提多漂亮了。

biétí duō piàoliang le.

얼마나 예쁜지 말도 마.

迷住	mízhù	홀리다, 미혹시키다
歌声	gēshēng	노랫소리
游客	yóukè	여행객, 관광객
风景	fēngjǐng	풍경, 경치
口才	kǒucái	말솜씨, 말재주
路边	lùbiān	길가, 노변
别提多…了	Biétíduō … le	얼마나…한지 말도 마라

A 被 B 表扬

A　　bèi　　B　　biǎoyáng

A는 B에게 칭찬을 받았어요

STEP 1 활용예문

我被爸爸表扬了。
Wǒ bèi bàba biǎoyáng le.
나는 아빠에게 칭찬을 받았어요.

他被经理表扬了。
Tā bèi jīnglǐ biǎoyáng le.
그는 사장님께 칭찬을 받았어요.

她又被顾客表扬了。
Tā yòu bèi gùkè biǎoyáng le.
그녀는 또 손님에게 칭찬을 받았어요.

我儿子常常被老师表扬。
Wǒ érzi chángcháng bèi lǎoshī biǎoyáng.
우리 아들은 자주 선생님께 칭찬을 받아요.

STEP 2 실전회화

● 张伟: 你今天怎么这么高兴啊?

Nǐ jīntiān zěnme zhème gāoxìng a?

너 오늘 왜 이렇게 기분이 좋니?

○ 王芳: 我破天荒地被董事长表扬了。

Wǒ pòtiānhuāng de bèi dǒngshìzhǎng biǎoyáng le.

나 오늘 난생처음으로 대표님께 칭찬을 받았어.

STEP 3 필수단어

表扬	biǎoyáng	칭찬하다(=称赞 chēngzàn)
经理	jīnglǐ	사장님, 매니저, 책임자
顾客	gùkè	고객, 손님
怎么这么…	zěnmezhème…	어쩜 이렇게…하니
董事长	dǒngshìzhǎng	대표이사, 회장, 이사장
破天荒	pòtiānhuāng	파천황, 난생처음으로, 유례없이

A 被 B 感动

A　bèi　B　gǎndòng

A는 B에 감동 받았어요

我被这部电影感动了。

Wǒ bèi zhè bù diànyǐng gǎndòng le.

난 이 영화에 정말 감동 받았어요.

他被这个故事感动了。

Tā bèi zhège gùshì gǎndòng le.

그는 이 이야기에 아주 감동 받았어요.

她被这首歌感动了。

Tā bèi zhè shǒu gē gǎndòng le.

그녀는 이 노래에 매우 감동 받았어요.

我被这本小说感动了。

Wǒ bèi zhè běn xiǎoshuō gǎndòng le.

나는 이 소설에 감동 받았어요.

 **실전회화**

○ 王芳:你在看什么?

Nǐ zài kàn shénme?

너 지금 뭐 보고 있니?

● 张伟:我在看一个视频, 我被这个演讲感动了。

Wǒ zài kàn yí gè shìpín, wǒ bèi zhège yǎnjiǎng gǎndòng le.

나 동영상 보고 있는데, 나는 이 강연에 감동 받았어.

这个演讲真让我受益匪浅。

Zhège yǎnjiǎng zhēn ràng wǒ shòuyì fěiqiǎn.

이 강연은 정말 도움이 많이 되었어.

STEP 3 **필수단어**

电影	diànyǐng	영화
故事	gùshì	이야기, 스토리
小说	xiǎoshuō	소설
视频	shìpín	동영상
演讲	yǎnjiǎng	강연, 연설
受益匪浅	shòuyì fěiqiǎn	얻은 이익이 많다, 꽤 많은 도움이 되었다

A 被 B 教训
A   bèi   B   jiàoxùn

A는 B에게 야단 맞았어요

我被教练教训了。
Wǒ bèi jiàoliàn jiàoxùnle.
나는 감독님에게 야단 맞았어요.

他被爸爸教训了一顿。
Tā bèi bàba jiàoxùnle yídùn.
그는 아빠에게 야단 한 번 맞았어요.

她又被老师教训了一顿。
Tā yòu bèi lǎoshī jiàoxùnle yídùn.
그녀는 또 선생님께 혼이 한차례 났어요.

孙女被奶奶教训了一顿。
Sūnnǚ bèi nǎinai jiàoxùnle yídùn.
손녀가 할머니에게 혼이 한 번 났어요.

○ 王芳:你怎么了? 心情不好吗?

Nǐ zěnmele? Xīnqíng bù hǎo ma?

너 왜그래? 기분이 안 좋니?

● 张伟:期末考试的成绩出来了,

Qīmòkǎoshì de chéngjì chūláile,

기말고사 성적이 나왔어,

我被妈妈教训了一顿。

wǒ bèi māma jiàoxùnle yídùn.

난 엄마에게 야단 맞았거든.

STEP 3 필수단어

教练	jiàoliàn	코치, 감독
孙女	sūnnǚ	손녀
心情	xīnqíng	심정, 감정, 마음, 기분, 정서
期末	qīmò	학기말
成绩	chéngjì	성적
一顿	yídùn	번, 차례, 끼, 바탕(식사, 욕, 질책 등에 세는 양사)

A 被 B 咬伤
A　bèi　B　yǎoshāng

A는 B에게 물려서 다쳤어요

STEP 1 활용예문

女朋友被猫咬伤了。
Nǚpéngyou bèi māo yǎoshāngle.
여자친구가 고양이에게 물려서 다쳤어요.

饲养员被鳄鱼咬伤了。
Sìyǎngyuán bèi èyú yǎoshāngle.
사육사는 악어에게 물려서 다쳤어요.

爬山时, 她被蛇咬伤了。
Páshān shí, tā bèi shé yǎoshāngle.
등산할 때, 그녀는 뱀에게 물려서 다쳤어요.

我曾经被小狗咬伤过。
Wǒ céngjīng bèi xiǎogǒu yǎoshāngguo.
난 예전에 강아지에게 물려서 다친 적이 있어요.

● 张伟: **昨天的足球比赛你看了吧?**

Zuótiān de zúqiú bǐsài nǐ kànle ba?

어제 축구시합 너 봤지?

○ 王芳: **真搞笑啊!**

Zhēn gǎoxiào a!

정말 웃겨 죽는 줄 알았어.

意大利队的后卫被前锋咬伤了。

Yìdàlìduì de hòuwèi bèi qiánfēng yǎoshāng le.

이탈리아의 수비수가 공격수에게 물려서 다쳤지.

饲养	sìyǎng	사육하다, 기르다
鳄鱼	èyú	악어
爬山	páshān	등산하다, 산에 오르다
蛇	shé	뱀
搞笑	gǎoxiào	웃기다, 코믹하다
队	duì	팀, 단체
后卫	hòuwèi	(농구, 축구 등의) 수비수, 풀백, 가드
前锋	qiánfēng	(농구, 축구 등의) 공격수

132

A 被 B 拒绝

A　　bèi　　B　　　jùjué

A는 B에게 거절당하다

 **STEP 1** 활용예문

我的求婚被她拒绝了。

Wǒ de qiúhūn bèi tā jùjué le.

내 프로포즈는 그녀에게 거절당했어요.

他的要求没被经理拒绝。

Tā de yāoqiú méi bèi jīnglǐ jùjué.

그의 요구는 사장님께 거절당하지 않았어요.

她的好意被他多次拒绝了。

Tā de hǎoyì bèi tā duōcì jùjué le.

그녀의 호의는 그에게 여러 번 거절당했어요.

我的表白又被他拒绝了。

Wǒ de biǎobái yòu bèi tā jùjué le.

내 고백은 또 그에게 거절당했어요.

STEP 2 실전회화

● 张伟: 你昨天去相亲了吧, 怎么样?

Nǐ zuótiān qù xiāngqīnle ba, zěnmeyàng?

너 어제 선봤지, 어땠니?

○ 王芳: 别提了, 我被相亲男拒绝了。

Biétíle, wǒ bèi xiāngqīnnán jùjué le.

말도 마, 맞선남한테 까였어.

STEP 3 필수단어

求婚	qiúhūn	프로포즈하다, 구혼하다
要求	yāoqiú	요구하다, 요청하다
好意	hǎoyì	호의, 선의
表白	biǎobái	설명하다, 해석하다
相亲	xiāngqīn	맞선을 보다
别提了	biétíle	말도 마라, 말도 꺼내지 마라

A 被 B 欺负
A   bèi   B   qīfu

A는 B에게 무시당하다

133

STEP 1 활용예문

他被同学们欺负了。

Tā bèi tóngxuémen qīfu le.

그는 친구들에게 괴롭힘을 당했어요.

我常常被女朋友欺负。

Wǒ chángcháng bèi nǚpéngyou qīfu.

나는 자주 여자친구에게 괴롭힘을 당해요.

你又被谁欺负了?

Nǐ yòu bèi shéi qīfu le?

너 누구에게 또 괴롭힘 당했니?

他被同事们欺负了。

Tā bèi tóngshìmen qīfu le.

그는 동료들에게 무시당했어요.

STEP 2 실전회화

● 张伟: 你喜欢张经理吗?

Nǐ xǐhuan Zhāng jīnglǐ ma?

너 장사장님 좋아하니?

○ 王芳: 真讨厌!

Zhēn tǎoyàn!

정말 짜증나!

我经常被他欺负。

Wǒ jīngcháng bèi tā qīfu.

나는 자주 그에게 무시당해.

STEP 3 필수단어

欺负	qīfu	얕보다, 괴롭히다, 능욕하다, 업신여기다
同学	tóngxué	학우, 학교동창, 동창생
同事	tóngshì	동료
经理	jīnglǐ	경영관리책임자, 지배인, 사장, 매니저
讨厌	tǎoyàn	싫어하다, 미워하다, 혐오하다

134

A 被 B 录取

A　　bèi　　B　　lùqǔ

A는 B에 합격하다

STEP 1 활용예문

我**被**那所大学**录取**了。
Wǒ bèi nà suǒ dàxué lùqǔ le.
나는 그 대학에 합격했어요.

他**被**这家公司**录取**了。
Tā bèi zhè jiā gōngsī lùqǔ le.
그는 이 회사에 뽑혔어요.

她没**被**这个医院**录取**。
Tā méi bèi zhège yīyuàn lùqǔ.
그녀는 이 병원에 채용되지 않았어요.

我儿子**被**重点学校**录取**了。
Wǒ érzi bèi zhòngdiǎn xuéxiào lùqǔ le.
우리 아들은 중점학교에 뽑혔어요.

● 张伟: 你找到了工作吗?

Nǐ zhǎodàole gōngzuò ma?

너 일 구했니?

○ 王芳: 我已经被一家外企录取了。

Wǒ yǐjing bèi yìjiā wàiqǐ lùqǔ le.

나는 이미 한 외국기업에 채용되었어.

STEP 3 필수단어

大学	dàxué	대학
公司	gōngsī	회사
医院	yīyuàn	병원
重点	zhòngdiǎn	중점, 주요한, 중요한
外企	wàiqǐ	외자기업, 외국기업
工作	gōngzuò	직업, 일자리

A 被 B 摔坏

A   bèi   B   shuāihuài

A는 B때문에 깨졌다

玻璃杯被我儿子摔坏了。

Bōlibēi bèi wǒ érzi shuāihuài le.

유리잔이 아들 때문에 깨졌어요.

饭碗被小狗摔坏了。

Fànwǎn bèi xiǎogǒu shuāihuài le.

밥그릇이 강아지 때문에 부서졌어요.

手机被男朋友摔坏了。

Shǒujī bèi nánpéngyou shuāihuài le.

휴대폰이 남자친구 때문에 박살났어요.

我的眼镜不小心被猫咪摔坏了。

Wǒ de yǎnjìng bùxiǎoxīn bèi māomī shuāihuài le.

내 안경은 실수로 야옹이 때문에 망가졌어요.

● 张伟: 你为什么没带来笔记本电脑?

Nǐ wèishénme méi dàilái bǐjìběndiànnǎo?

너 왜 노트북 안 가져왔니?

○ 王芳: 我的笔记本电脑被我女儿摔坏了。

Wǒ de bǐjìběndiànnǎo bèi wǒ nǚ'ér shuāihuài le.

내 노트북이 딸 때문에 박살났어.

STEP 3 필수단어

玻璃	bōli	유리
饭碗	fànwǎn	밥그릇, 밥공기
手机	shǒujī	휴대폰
眼镜	yǎnjìng	안경
不小心	bùxiǎoxīn	실수로, 부주의해서
猫咪	māomī	고양이, 야옹이
笔记本电脑	bǐjìběndiànnǎo	노트북

A 被 B 嘲笑

A　bèi　B　cháoxiào

A는 B에게 비웃음을 당하다

他被同学们嘲笑了。

Tā bèi tóngxuémen cháoxiào le.

그는 친구들에게 놀림받았어요.

她被队友们嘲笑了。

Tā bèi duìyǒumen cháoxiào le.

그녀는 멤버들에게 조롱당했어요.

他被粉丝们嘲笑了。

Tā bèi fěnsīmen cháoxiào le.

그는 팬들에게 비웃음을 당했어요.

她总是被朋友们嘲笑。

Tā zǒngshì bèi péngyoumen cháoxiào.

그녀는 항상 친구들에게 놀림을 받아요.

● 张伟:你怎么了? 心情不好吗?

Nǐ zěnmele? Xīnqíng bù hǎo ma?

너 왜그래? 기분이 안 좋니?

○ 王芳:我昨晚开夜车写了报告,

Wǒ zuówǎn kāiyèchē xiěle bàogào,

내가 어제 밤을 세워서 보고서를 썼는데,

没想到被经理嘲笑了。

méixiǎngdào bèi jīnglǐ cháoxiào le.

뜻밖에 사장님께 비웃음을 당했어.

队友	duìyǒu	팀원, 멤버, 일원
粉丝	fěnsī	팬, 팔로워
总是	zǒngshì	언제나, 항상
心情	xīnqíng	기분, 정서, 감정
开夜车	kāiyèchē	밤을 세워 공부하다, 밤을 꼬박 세우다
没想到	méixiǎngdào	뜻밖에도, 예상외로

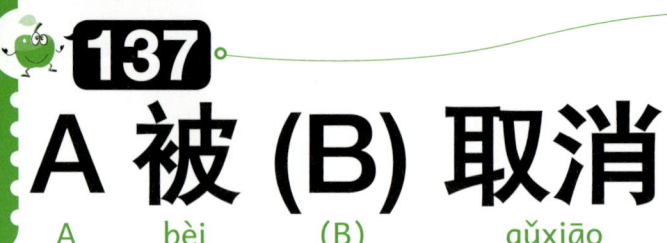

A 被 (B) 取消
A   bèi   (B)   qǔxiāo

A는 (B 때문에) 취소되다

 **STEP 1 활용예문**

计划被取消了。
Jìhuà bèi qǔxiāo le.
계획이 취소되었어요.

证书被取消了。
Zhèngshū bèi qǔxiāo le.
증서가 취소되었어요.

广告被取消了。
Guǎnggào bèi qǔxiāo le.
광고가 없어졌어요.

资格被取消了。
Zīgé bèi qǔxiāo le.
자격이 취소되었어요.

● 张伟: 你怎么还不去参加会议呢?

Nǐ zěnme hái bú qù cānjiā huìyì ne?

너 왜 아직도 회의에 안 가고 있니?

○ 王芳: 你还不知道吗? 会议被取消了。

Nǐ hái bùzhīdàoma? Huìyì bèi qǔxiāo le.

너 아직 모르니? 회의 취소되었어.

B의 자리에 들어가는 이유는 대체적으로 생략되는 경우가 많습니다.
A 被取消了라고 쓰면 됩니다.

计划	jìhuà	계획, 작정, 방안
证书	zhèngshū	증서, 증명서, 자격증
广告	guǎnggào	광고, 선전, 홍보
资格	zīgé	자격, 관록
参加…会议	cānjiā…huìyì	회의에 참석하다

A 被 B 打翻
A　bèi　B　dǎfān

A는 B에 뒤집혔다

 STEP 1 활용예문

花瓶被小孩子打翻了。
Huāpíng bèi xiǎoháizi dǎfān le.
꽃병이 꼬마 때문에 넘어졌어요.

杯子被宠物狗打翻了。
Bēizi bèi chǒngwùgǒu dǎfān le.
컵이 애완견 때문에 넘어졌어요.

船被风浪打翻了。
Chuán bèi fēnglàng dǎfān le.
배가 풍랑에 뒤집어졌어요.

选举的结果被金钱打翻了。
Xuǎnjǔ de jiéguǒ bèi jīnqián dǎfān le.
선거결과가 돈 때문에 뒤짚혔어요.

 실전회화

● 张伟: 你的衬衫怎么湿了?

　　　Nǐ de chènshān zěnme shī le?

　　　너 블라우스가 왜 젖었니?

○ 王芳: 我的啤酒杯被打工妹打翻了。

　　　Wǒ de píjiǔbēi bèi dǎgōngmèi dǎfān le.

　　　내 맥주잔이 알바생 때문에 뒤집어졌어.

STEP 3 필수단어

花瓶	huāpíng	꽃병
宠物狗	chǒngwùgǒu	애완견
风浪	fēnglàng	풍랑, 파도
选举	xuǎnjǔ	선거하다, 선출하다
湿	shī	젖다, 눅눅하다, 축축하다
打工妹	dǎgōngmèi	아르바이트 여학생

A 被 B 偷走

A bèi B tōuzǒu

A는 B에게 도난당했어요

 활용예문

钱包被小偷儿偷走了。

Qiánbāo bèi xiǎotōur tōuzǒu le.

지갑을 좀 소매치기에게 도둑 맞았어요.

自拍神器被人偷走了。

Zìpāi shénqì bèi rén tōuzǒu le.

셀카봉을 도둑 맞았어요.

我的手机不小心被人偷走了。

Wǒ de shǒujī bùxiǎoxīn bèi rén tōuzǒu le.

실수로 휴대폰을 도둑 맞았어요.

我的手提包被扒手偷走了。

Wǒ de shǒutíbāo bèi páshǒu tōuzǒu le.

내 핸드백을 소매치기에게 도둑맞았어요.

● 张伟: 你今天骑自行车上班了吗?

　　　Nǐ jīntiān qí zìxíngchē shàngbānle ma?

　　　너 오늘 자전거 타고 출근했니?

○ 王芳: 别提了, 我的自行车被小偷儿偷走了。

　　　Biétíle, wǒ de zìxíngchē bèi xiǎotōur tōuzǒu le.

　　　말도 마, 내 자전거 도둑 맞았어요.

STEP 3 필수단어

小偷儿	xiǎotōur	좀 도둑
自拍神器	zìpāi shénqì	셀카봉
扒手	páshǒu	소매치기
不小心	bùxiǎoxīn	실수로, 조심하지 않아
手提包	shǒutíbāo	핸드백, 손가방

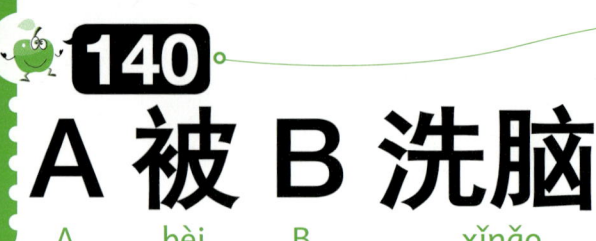

A 被 B 洗脑
A bèi B xǐnǎo

A는 B에게 세뇌당했어요

STEP 1 활용예문

他到底被谁洗脑了?
Tā dàodǐ bèi shéi xǐnǎo le?
그는 도대체 누구에게 세뇌당했니?

有的人被不良媒体洗脑了。
Yǒuderén bèi bùliáng méitǐ xǐnǎo le.
어떤 사람들은 나쁜 언론에 세뇌를 당했어요.

他被歪曲的历史教育洗脑了。
Tā bèi wāiqǔ de lìshǐ jiàoyù xǐnǎo le.
그는 왜곡된 역사교육에 세뇌당했어요.

她被男朋友洗脑了, 她以为男朋友真的很帅。
Tā bèi nánpéngyou xǐnǎo le, tā yǐwéi nánpéngyou zhēnde hěn shuài.
그녀는 남자친구에게 세뇌당했어요, 자기 남자친구가 정말 잘 생긴줄 알아요.

● 张伟: **你又在看那个无聊的连续剧吗?**

Nǐ yòu zài kàn nàge wúliáo de liánxùjù ma?

너 또 그 한심한 드라마 보고 있니?

○ 王芳: **男主角被外星人洗脑了。怎么办?**

Nánzhǔjué bèi wàixīngrén xǐnǎo le. Zěnmebàn?

남자주인공이 외계인에게 세뇌당했어. 어떡하지?

STEP 3 필수단어

到底	dàodǐ	도대체, 대관절, 대체
媒体	méitǐ	미디어, 언론매체
不良	bùliáng	좋지않다, 나쁘다
歪曲	wāiqǔ	왜곡하다
以为	yǐwéi	…인 줄 알다(알고 보니 아니다)
主角	zhǔjué	주인공, 주연
无聊	wúliáo	① 시시하다, 한심하다, 무의미하다
		② 따분하다, 지루하다, 심심하다
外星人	wàixīngrén	외계인

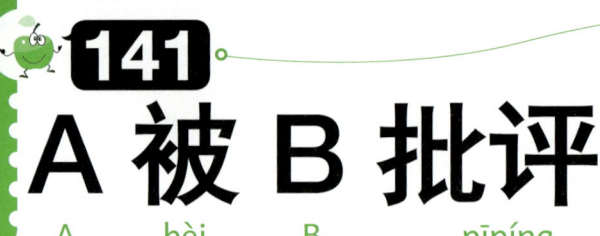

A 被 B 批评

A　bèi　B　pīpíng

A는 B에게 혼났어요

STEP 1 활용예문

孩子被妈妈批评了。
Háizi bèi māma pīpíng le.
아이가 엄마에게 혼났어요.

我没被老板批评。
Wǒ méi bèi lǎobǎn pīpíng.
나는 사장님께 혼나지 않았어요.

学生被老师批评了。
Xuéshēng bèi lǎoshī pīpíng le.
학생이 선생님께 혼났어요.

员工被经理批评了。
Yuángōng bèi jīnglǐ pīpíng le.
직원이 사장님께 혼났어요.

● 张伟: 看起来你心情不太好,
Kànqǐlái nǐ xīnqíng bú tài hǎo,
보아하니 너 오늘 기분이 별로 안 좋아 보이는데,

你又被老师批评了吗?
nǐ yòu bèi lǎoshī pīpíng le ma?
너 또 선생님께 혼났니?

○ 王芳: 不是, 不知道为什么,
Búshì, bùzhīdào wèishénme,
아니야, 왜 인지 모르겠는데,

男朋友一直不接我的电话呀。
nánpéngyou yìzhí bùjiē wǒ de diànhuà ya.
남자친구가 계속 내 전화를 안 받아.

STEP 3 필수단어

员工	yuángōng	직원, 종업원
经理	jīnglǐ	책임자, 관리자
心情	xīnqíng	기분, 감정, 마음
看起来	kànqǐlái	보아하니…하다
批评	pīpíng	나무라다, 꾸짖다, 질책하다
一直	yìzhí	계속, 줄곧

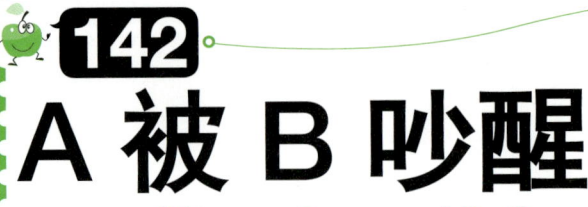

A 被 B 吵醒
A bèi B chǎoxǐng

A는 B 때문에 시끄러워서 깼어요

我被闹钟吵醒了。
Wǒ bèi nàozhōng chǎoxǐng le.
나는 알람시계 때문에 시끄러워서 깼어요.

她被噪音吵醒了。
Tā bèi zàoyīn chǎoxǐng le.
그녀는 소음때문에 깼어요.

我被孩子哭的声音吵醒了。
Wǒ bèi háizi kū de shēngyīn chǎoxǐng le.
나는 아이가 우는 소리 때문에 시끄러워서 깼어요.

我被隔壁吵架的声音吵醒了。
Wǒ bèi gébì chǎojià de shēngyīn chǎoxǐng le.
나는 이웃집의 말싸움 소리에 시끄러워서 깼어요.

● 张伟: 你怎么起得这么早?

Nǐ zěnme qǐ de zhème zǎo?

너 어째서 이렇게 빨리 일어났니?

○ 王芳: 我被妈妈的唠叨声吵醒了。

Wǒ bèi māma de láodaoshēng chǎoxǐng le.

난 엄마의 잔소리에 시끄러워서 깼어.

闹钟	nàozhōng	자명종, 알람시계
噪音	zàoyīn	소음, 잡음
隔壁	gébì	이웃집, 옆집
吵架	chǎojià	말싸움을 하다
唠叨	láodao	잔소리를 하다, 되풀이하여 말하다
声音	shēngyīn	소리, 목소리

A 被 B 吸引住

A　bèi　B　xīyǐnzhù

A는 B에 사로잡히다

我被她的微笑吸引住了。
Wǒ bèi tā de wēixiào xīyǐnzhù le.
나는 그녀의 미소에 푹 빠졌어요.

我被美妙的歌声吸引住了。
Wǒ bèi měimiào de gēshēng xīyǐnzhù le.
나는 아름다운 노랫소리에 매력을 느꼈어요.

她被动人的情景吸引住了。
Tā bèi dòngrén de qíngjǐng xīyǐnzhù le.
그녀는 감동적인 장면에 사로잡혔어요.

我们被美丽的风景吸引住了。
Wǒmen bèi měilì de fēngjǐng xīyǐnzhù le.
우리들은 아름다운 풍경에 매혹되었어요.

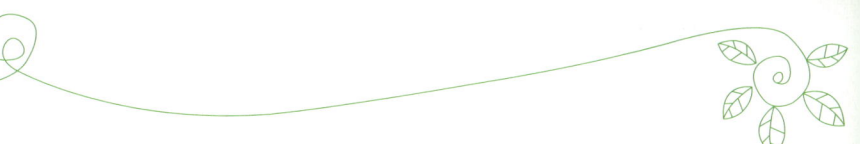

● 张伟: **你不是说嫌他笨吗?**

Nǐ búshì shuō xián tā bèn ma?

너 걔가 멍청해서 싫다고 하지 않았니?

怎么跟他开始交往呢?

Zěnme gēn tā kāishǐ jiāowǎng ne?

어떻게 사귀기 시작한 거니?

○ 王芳: **他不是笨, 而是太善良。**

Tā búshì bèn, érshì tài shànliáng.

걘 멍청한 것이 아니라 너무 착한 거야.

我被他那善良的心吸引住了。

Wǒ bèi tā nà shànliáng de xīn xīyǐnzhù le.

난 그의 그런 착한 마음에 끌렸어.

吸引	xīyǐn	매료시키다, 매혹시키다, 끌어당기다
美妙	měimiào	아름답다, 훌륭하다, 더없이 좋다
情景	qíngjǐng	정경, 장면, 모습
动人	dòngrén	감동적이다
美丽	měilì	아름답다, 예쁘다, 곱다
嫌	xián	싫어하다, 꺼리다, 마음에 들지 않다
交往	jiāowǎng	왕래하다, 교제하다, 사귀다
善良	shànliáng	선량하다, 착하다

A 被 (B) 选为 C
A bèi (B) xuǎnwéi C

A는 B에게 C로 뽑혔어요

 **STEP 1** 활용예문

他被同学们选为班长了。
Tā bèi tóngxuémen xuǎnwéi bānzhǎng le.
그는 급우들에게 반장으로 선출되었다.

他被选为国家队了。
Tā bèi xuǎnwéi guójiāduì le.
그는 국가대표로 선발되었어요.

我被选为足球队的队长了。
Wǒ bèi xuǎnwéi zúqiúduì de duìzhǎng le.
나는 축구팀의 주장으로 선발되었다.

她被大学生选为最受欢迎的女演员。
Tā bèi dàxuéshēng xuǎnwéi zuì shòu huānyíng de nǚyǎnyuán.
그녀는 대학생들에게 가장 인기가 좋은 여배우로 뽑혔다.

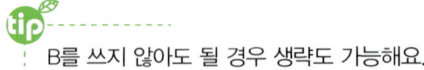
B를 쓰지 않아도 될 경우 생략도 가능해요.

● 张伟: 听说小王被选为学生会代表了。

Tīngshuō Xiǎo Wáng bèi xuǎnwéi xuéshēnghuì dàibiǎo le.

듣자하니 샤오왕은 학생회 대표로 뽑혔대.

○ 王芳: 他真不简单。

Tā zhēn bùjiǎndān.

정말 대단하다.

STEP 3 필수단어

班长	bānzhǎng	반장
国家队	guójiāduì	국가대표팀
队长	duìzhǎng	팀장, 주장, 대장, 리더
受欢迎	shòuhuānyíng	인기가 좋다, 각광을 받다
演员	yǎnyuán	연기자, 배우
听说	tīngshuō	듣자 하니, 듣건대
代表	dàibiǎo	대표
不简单	bùjiǎndān	대단하다, 뛰어나다

145

A 被 (B) 称为 C
A   bèi   (B)   chēngwéi   C

A는 B에게 C라고 불린다

STEP 1 활용예문

他被称为捐赠天使。
Tā bèi chēngwéi juānzèng tiānshǐ.
그는 기부천사라고 불려요.

她被观众称为歌剧的女神。
Tā bèi guānzhòng chēngwéi gējù de nǚshén.
그녀는 관객들에게 오페라의 여신이라고 불려요.

我小时候被称为外语神童。
Wǒ xiǎoshíhou bèi chēngwéi wàiyǔ shéntóng.
나는 어려서 외국어신동이라고 불렸어요.

这些公司被业内人士称为僵尸企业。
Zhèxiē gōngsī bèi yènèirénshì chēngwéi jiāngshīqǐyè.
이러한 회사는 업계 내 사람들에게 강시기업이라고 불리워요.

 - - - - - - - - - - -
B를 쓰지 않아도 될 경우 생략도 가능해요.

王芳: 你知道 "严祥天" 是谁吗?
Nǐ zhīdao "Yánxiángtiān" shì shéi ma?
너 "엄상천"이 누구인지 아니?

张伟: 那还用说, 我非常喜欢他唱的歌。
Nàháiyòngshuō, wǒ fēicháng xǐhuan tā chàng de gē.
당연하지, 난 그가 부르는 노래를 정말 좋아해.

他被称为歌王。
Tā bèi chēngwéi gēwáng.
그는 "가왕"이라고 불리지.

称为	chēngwéi	…라고 부르다, 불리우다, 칭하다
捐赠	juānzèng	기증하다, 기부하다
天使	tiānshǐ	천사, 신의 사자
神童	shéntóng	신동
观众	guānzhòng	관객, 관중
那还用说	nàháiyòngshuō	그걸 말이라고 해, 당연하지
小时候	xiǎoshíhou	어렸을 때, 어린 시절
业内人士	yènèirénshì	업계 내 인사
僵尸	jiāngshī	강시, 미라(중국귀신)
企业	qǐyè	기업, 회사

Chapter 7　让 ～에게 ～시키다

让은 중국어의 동사로 목적어에게 어떤 행위를 하거나 어떤 심리적인 느낌을 갖게 하다라는 뜻의 사역의 의미를 갖습니다. 품사는 동사이지만 그 역할이 전치사와 크게 다르지 않고 중요한 표현이므로 함께 공부합니다.

① 완료형

"~을 하게 했어요, ~을 시켰어요"라고 할 때는 "동사"의 뒤에 동태조사 了를 넣어주면 됩니다.

妈妈让儿子刷牙了。 엄마가 아들에게 양치질을 시켰어요.
我让他去机场了。 나는 그를 공항에 보냈어요.

② 부정형

"~을 못하게 하다"라고 표현할 때는 동사 让의 앞에 부정부사 不를 붙이면 됩니다.

爸爸让我骑自行车了。 아빠가 나에게 자전거를 타게 했어요.
→ 爸爸不让我骑自行车。
　　아빠가 나에게 자전거를 못타게 했다.

"~을 못하게 했다"라고 표현할 때는 동사 让의 앞에 부정부사 没를 붙이면 됩니다.

我让她写汉字了。 나는 그녀에게 한자를 쓰라고 했어요.
→ 我没让她写汉字。
　　나는 그녀에게 한자를 쓰라고 하지 않았어요.

"…을 하지 말라고 했다(시켰다)"라고 표현할 때는 두 번째 동사의 앞에 부정부사 不要나 别를 붙이면 됩니다.

她让我抽烟了。 그녀는 나에게 담배를 피우게 했다.
→ 她让我别抽烟了。
그녀는 나에게 담배를 피우지 말라고 했다.

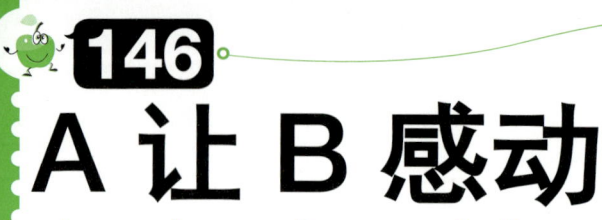

146

A 让 B 感动

A　ràng　B　gǎndòng

A가 B를 감동시켰어요

这本书让我很感动。
Zhè běn shū ràng wǒ hěn gǎndòng.
이 책은 나를 정말 감동시켰어요.

这首歌让我很感动。
Zhè shǒu gē ràng wǒ hěn gǎndòng.
이 노래는 날 아주 감동시켰어.

这个故事让我们很感动。
Zhège gùshì ràng wǒmen hěn gǎndòng.
이 이야기는 우리를 매우 감동시켰어요.

这部电影让我非常感动。
Zhè bù diànyǐng ràng wǒ fēicháng gǎndòng.
이 영화는 나를 대단히 감동시켰어요.

STEP 2 실전회화

● 张伟: **现在去黄山旅游怎么样?**

Xiànzài qù Huáng Shān lǚyóu zěnmeyàng?

요즘 황산여행가면 어떨까?

○ 王芳: **现在去黄山再好不过了。**

Xiànzài qù Huáng Shān zài hǎo búguòle.

요새 황산에 가면 이보다 더 좋을 수가 없지.

那里的风景太让我感动了。

Nàli de fēngjǐng tài ràng wǒ gǎndòng le.

그 곳의 풍경은 나를 너무 감동시켰어.

STEP 3 필수단어

故事	gùshì	이야기
电影	diànyǐng	영화
喜欢	xǐhuan	좋아하다
旅游	lǚyóu	여행가다
风景	fēngjǐng	풍경, 경치

再 A 不过了

최상급 표현으로 A의 자리에 형용사를 넣어서 연습하면 되요.
"이보다 더 A할 수 없다"라는 뜻이에요.

再好不过了。   이보다 더 좋을 수는 없어요.
再高兴不过了。   이보다 더 기쁠 수가 없어요.

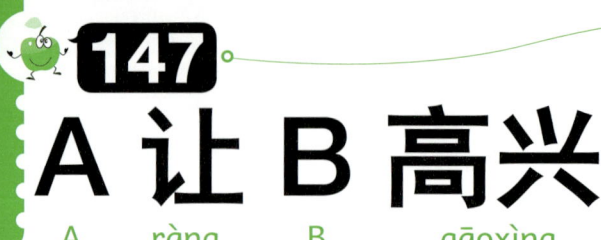

A 让 B 高兴

A   ràng   B   gāoxìng

A가 B를 기쁘게 해요

STEP 1 활용예문

这件事让我很高兴。
Zhè jiàn shì ràng wǒ hěn gāoxìng.
이번 일은 나를 정말 기쁘게 했어요.

他的进步让我很高兴。
Tā de jìnbù ràng wǒ hěn gāoxìng.
그가 많이 늘어서 날 아주 기쁘게 해요.

这期节目太让我高兴了。
Zhè qī jiémù tài ràng wǒ gāoxìng le.
이번 프로그램은 나를 너무 기쁘게 했어요.

这个结果让我非常高兴。
Zhège jiéguǒ ràng wǒ fēicháng gāoxìng.
이 결과는 나를 대단히 기쁘게 해요.

실전회화

● 张伟: **这个消息你听说了吗?**
   Zhège xiāoxi nǐ tīngshuōle ma?
   이 소식 너 들었니?

○ 王芳: **我已经听说了。**
   Wǒ yǐjing tīngshuō le.
   난 벌써 들었지.

   这个消息太让我高兴了。
   Zhège xiāoxi tài ràng wǒ gāoxìng le.
   이 소식은 날 너무 기쁘게 해요.

STEP 3 필수단어

高兴	gāoxìng	기쁘다, 즐겁다, 유쾌하다
进步	jìnbù	발전하다, 늘다, 향상되다
节目	jiémù	프로그램, 코너
结果	jiéguǒ	결과
消息	xiāoxi	소식
已经	yǐjing	이미, 벌써
听说	tīngshuō	…라고 들었다, 듣자하니

148

A 让 B 伤心

A ràng B shāngxīn

A가 B를 마음아프게 해요

这件事让我很伤心。

Zhè jiàn shì ràng wǒ hěn shāngxīn.

이 일은 나를 너무 마음아프게 해요 .

这首歌太让我伤心了。

Zhè shǒu gē tài ràng wǒ shāngxīn le.

이 노래는 나를 너무 슬프게 해요.

这个故事让我们很伤心。

Zhège gùshi ràng wǒmen hěn shāngxīn.

이 이야기는 우리의 마음을 너무 아프게 해요.

这部电影让我非常伤心。

Zhè bù diànyǐng ràng wǒ fēicháng shāngxīn.

이 영화는 나를 대단히 마음아프게 했어요.

 **STEP 2** 실전회화

● **张伟:** 男朋友仍然对你好吗?

Nánpéngyou réngrán duì nǐ hǎo ma?

남자친구가 여전히 너에게 잘해주니?

♂ **王芳:** 我们早就分手了。

Wǒmen zǎojiù fēnshǒu le.

우린 진작에 헤어졌어.

分手的理由太让我伤心了。

Fēnshǒu de lǐyóu tài ràng wǒ shāngxīn le.

헤어진 이유가 나를 너무 마음 아프게 해.

STEP 3 필수단어

伤心	shāngxīn	상심하다, 슬퍼하다, 마음아파하다
故事	gùshi	이야기
电影	diànyǐng	영화
仍然	réngrán	여전히, 아직도
早就	zǎojiù	진작에, 일찌감치, 벌써
分手	fēnshǒu	헤어지다
理由	lǐyóu	이유, 원인

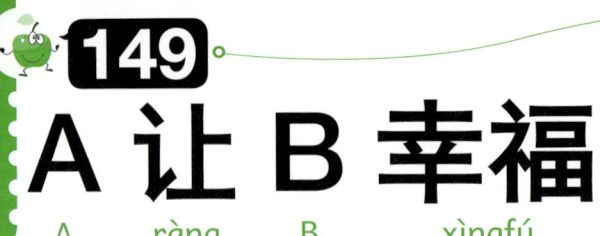

A 让 B 幸福
A ràng B xìngfú

A가 B를 행복하게 해요

 **STEP 1** 활용예문

这件事让我很幸福。
Zhè jiàn shì ràng wǒ hěn xìngfú.
이 일은 나를 정말 행복하게 해요.

孩子的笑声让妈妈感到幸福。
Háizi de xiàoshēng ràng māma gǎndào xìngfú.
아이의 웃음소리가 엄마를 행복하게 해줘요.

有一首歌让我感到幸福。
Yǒu yì shǒu gē ràng wǒ gǎndào xìngfú.
나를 행복하게 만드는 노래가 한 곡 있어요.

这么好的成果让我很幸福。
Zhème hǎo de chéngguǒ ràng wǒ hěn xìngfú.
이렇게 좋은 결과가 나를 정말 행복하게 해요.

● 张伟: 你为什么总是看这本相册?

Nǐ wèishénme zǒngshì kàn zhè běn xiàngcè?

너는 왜 맨날 이 사진첩을 보니?

○ 王芳: 这些照片让我感到幸福。

Zhèxiē zhàopiàn ràng wǒ gǎndào xìngfú.

이 사진들은 나를 정말 행복하게 해.

STEP 3 필수단어

幸福	xìngfú	행복하다, 행복
笑声	xiàoshēng	웃음소리
感到	gǎndào	느끼다, 여기다
总是	zǒngshì	늘, 항상, 맨날, 언제나
相册	xiàngcè	사진첩
成果	chéngguǒ	성과, 업적, 결과
照片	zhàopiàn	사진

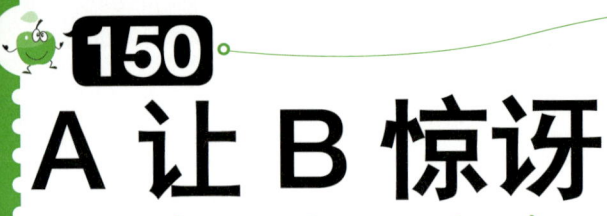

A 让 B 惊讶

A　ràng　B　jīngyà

A가 B를 놀라게 하다

这件事让我十分惊讶。
Zhè jiàn shì ràng wǒ shífēn jīngyà.
이 일은 나를 아주 놀라게 했어요.

这张照片让他很惊讶。
Zhè zhāng zhàopiàn ràng tā hěn jīngyà.
이 사진은 그를 너무 놀라게 했어요.

这个消息太让我惊讶了。
Zhège xiāoxi tài ràng wǒ jīngyà le.
이 소식은 나를 너무 놀라게 했어요.

这个故事让我十分惊讶。
Zhège gùshi ràng wǒ shífēn jīngyà.
이 이야기는 나를 아주 놀라게 했어요.

● 张伟:你在看什么？

Nǐ zài kàn shénme?

너 지금 뭐 보고 있니?

○ 王芳:你也过来看看吧。

Nǐ yě guòlái kànkan ba.

너도 이리로 와서 좀 봐봐.

这个视频太让我惊讶了。

Zhège shìpín tài ràng wǒ jīngyà le.

이 동영상은 정말 나를 깜짝 놀라게 했어.

惊讶	jīngyà	놀라고 의아해하다, 깜짝 놀라다
照片	zhàopiàn	사진
消息	xiāoxi	소식, 정보
故事	gùshi	이야기, 스토리
过来	guòlái	다가오다, 건너오다
视频	shìpín	동영상

A 让 B 失望

A ràng B shīwàng

A가 B를 실망시켰어요

你太让我失望了。
Nǐ tài ràng wǒ shīwàng le.
넌 나를 너무 실망시켰어.

请不要让我失望。
Qǐng búyào ràng wǒ shīwàng.
나를 실망시키지 말아요.

我不会让你失望的。
Wǒ bú huì ràng nǐ shīwàng de.
나는 당신을 실망시키지 않을 거예요.

他的态度让我十分失望了。
Tā de tàidu ràng wǒ shífēn shīwàng le.
그의 태도는 나를 정말 실망시켰어요.

● 张伟:**这次考试的成绩怎么样?**

Zhè cì kǎoshì de chéngjì zěnmeyàng?

이번 시험성적 어떠니?

○ 王芳:**别提了, 我把考试考砸了。**

Biétíle, wǒ bǎ kǎoshì kǎozá le.

말도마, 난 시험은 망쳤어.

尤其是, 英语成绩太让我失望了。

Yóuqíshì, Yīngyǔ chéngjì tài ràng wǒ shīwàng le.

특히, 영어성적이 너무 날 실망시켰어.

失望	shīwàng	실망하다, 낙담하다
态度	tàidù	태도, 표정, 행동거지
十分	shífēn	아주, 정말, 대단히
考试	kǎoshì	시험, 시험을 보다
成绩	chéngjì	성적, 성과
别提了	biétíle	말도 마라, 말도 꺼내지 마라
考砸了	kǎozá le	시험을 망쳤어요
尤其	yóuqí	특히, 더욱이

请不要(Qǐngbúyào) + 동사 + 목적어

"동사 + 목적어를 하지 마세요"라는 뜻으로 겸손하게 부탁하는 어감을 나타내요.

152

A 让 B 着迷

A   ràng   B   zháomí

A가 B를 반하게 만들었어요

STEP 1 활용예문

这部小说真让我着迷。

Zhè bù xiǎoshuō zhēn ràng wǒ zháomí.

이 소설책은 정말 내가 반하게 만들었어요.

钓鱼真让我着迷。

Diàoyú zhēn ràng wǒ zháomí.

낚시는 정말 나를 매료시켰어요.

下围棋真让我着迷。

Xià wéiqí zhēn ràng wǒ zháomí.

바둑은 정말 나를 반하게 만들었어요.

他的一举一动简直让我着迷。

Tā de yìjǔyídòng jiǎnzhí ràng wǒ zháomí.

그의 모든 행동은 정말 나를 반하게 만들었어요.

○ 王芳:你最近学汉语吗?

Nǐ zuìjìn xué Hànyǔ ma?

너 요즘 중국어 배우니?

● 张伟:汉语的声调真让我着迷。

Hànyǔ de shēngdiào zhēn ràng wǒ zháomí.

중국어의 성조가 정말 나를 반하게 만들었어.

着迷	zháomí	사로잡히다, 정신이 팔리다, 빠져들다, 반하다
小说	xiǎoshuō	소설
钓鱼	diàoyú	낚시하다
下围棋	xiàwéiqí	바둑을 두다
一举一动	yìjǔyídòng	일거수일투족, 모든 행동

349

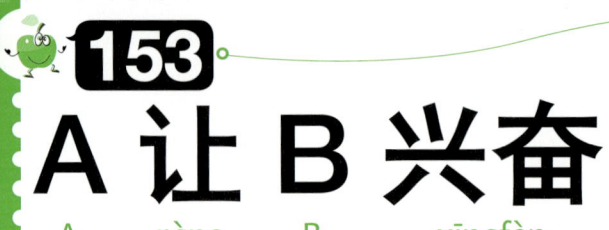

A 让 B 兴奋
A ràng B xīngfèn

A가 B를 신나게 만들어요

这首歌让我很兴奋。

Zhè shǒu gē ràng wǒ hěn xīngfèn.

이 노래는 날 정말 신나게 만들어요.

逛街真让人兴奋。

Guàngjiē zhēn ràng rén xīngfèn.

쇼핑은 정말 사람 신나게 만들어요.

春游让孩子们很兴奋。

Chūnyóu ràng háizimen hěn xīngfèn.

봄소풍은 아이들을 아주 신나게 만들어요.

这个消息让大家很兴奋。

Zhège xiāoxi ràng dàjiā hěn xīngfèn.

이 소식은 모두를 아주 신나게 만들어요.

 **STEP 2** 실전회화

● 张伟:**我明天就要去欧洲旅游了。**
Wǒ míngtiān jiùyào qù Ōu Zhōu lǚyóu le.
나 내일 유럽 여행갈거야.

○ 王芳:**是吗？我真羡慕你。**
Shìma? Wǒ zhēn xiànmù nǐ.
그래? 정말 부럽다.

旅游总是让人很兴奋。
Lǚyóu zǒngshì ràng rén hěn xīngfèn.
여행은 늘 사람을 아주 신나게 만드는 것 같아.

STEP 3 필수단어

兴奋	xīngfèn	신나다, 흥분하다, 기쁘다
逛街	guàngjiē	쇼핑하다, 돌아다니다
春游	chūnyóu	봄소풍, 피크닉, 봄놀이하다
消息	xiāoxi	소식, 정보
旅游	lǚyóu	여행하다, 관광하다
羡慕	xiànmù	부러워하다, 탐내다

就要⋯了

"이제 곧⋯하려고 한다"라는 뜻이에요.
就要의 앞에 시간을 나타내는 단어를 쓸 수 있어요.

我下个月就要去中国了。 나는 다음달에 중국에 갈 거에요.
飞机一会儿就要起飞了。 비행기가 잠시 후에 곧 이륙해요.

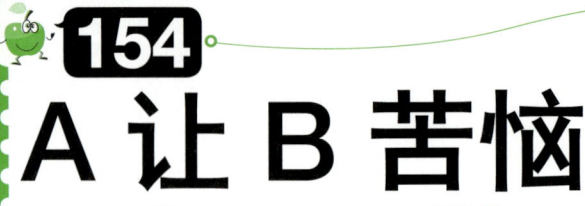

154

A 让 B 苦恼

A　ràng　B　kǔnǎo

A가 B를 몹시 괴롭게 만들어요

 **STEP 1** 활용예문

感情真让人苦恼。

Gǎnqíng zhēn ràng rén kǔnǎo.

사랑은 사람을 몹시 괴롭게 만들어요.

工作让我十分苦恼。

Gōngzuò ràng wǒ shífēn kǔnǎo.

업무는 나를 몹시 괴롭게 만들어요.

那些事让她很苦恼。

Nàxiēshì ràng tā hěn kǔnǎo.

그 일들이 그녀를 몹시 괴롭게 해요.

婚姻大事真让人苦恼。

Hūnyīndàshì zhēn ràng rén kǔnǎo.

결혼은 정말 사람을 몹시 괴롭게 해요.

실전회화

○ 王芳: 你最近有什么心事吗?

Nǐ zuìjìn yǒu shénme xīnshì ma?

너 요즘 무슨 고민있니?

● 张伟: 最近脱发真让我苦恼。

Zuìjìn tuōfà zhēn ràng wǒ kǔnǎo.

요즘 탈모증이 정말 나를 괴롭게 해요.

필수단어

苦恼	kǔnǎo	몹시 괴롭다, 고민하다
十分	shífēn	아주, 매우, 대단히
婚姻大事	hūnyīndàshì	결혼, 혼인
最近	zuìjìn	요즘, 최근
心事	xīnshì	고민, 걱정, 근심
脱发	tuōfà	탈모증

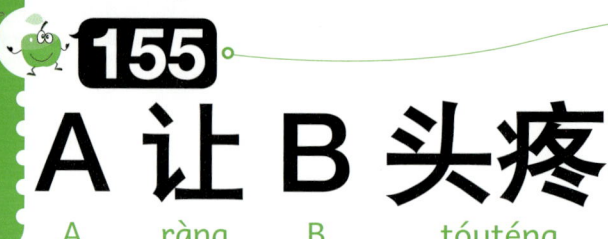

A 让 B 头疼

A　ràng　B　tóuténg

A가 B를 짜증나게 해요

STEP 1 활용예문

鬼天气真让人头疼。
Guǐtiānqì zhēn ràng rén tóuténg.
변덕스러운 날씨가 사람을 정말 짜증나게 해요.

这件事真让我头疼。
Zhè jiàn shì zhēn ràng wǒ tóuténg.
이 일은 정말 내가 골치아프게 해요.

暧昧的态度最让人头疼。
Àimèide tàidu zuì ràng rén tóuténg.
애매한 태도가 가장 사람을 짜증나게 해요.

这个问题真让人头疼。
Zhège wèntí zhēn ràng rén tóuténg.
이 문제는 정말 사람을 골치아프게 해요.

● 张伟: 你手机响了, 谁发的短信呀?

Nǐ shǒujī xiǎng le, shéi fā de duǎnxìn ya?

너 휴대폰이 울렸어, 누가 보낸 문자야?

○ 王芳: 垃圾短信让我很头疼。

Lājīduǎnxìn ràng wǒ hěn tóuténg.

스팸문자가 나를 정말 짜증나게 해.

STEP 3 필수단어

头疼	tóuténg	골치아프게 하다, 짜증나게 하다
鬼天气	guǐtiānqì	변덕스러운 날씨, 궂은 날씨
暧昧	àimèi	애매하다, 불확실하다
态度	tàidu	태도, 자세, 표정
问题	wèntí	문제
响	xiǎng	소리가 나다, 소리가 울리다
发短信	fāduǎnxìn	문자를 보내다
垃圾	lājī	쓰레기, 오물

355

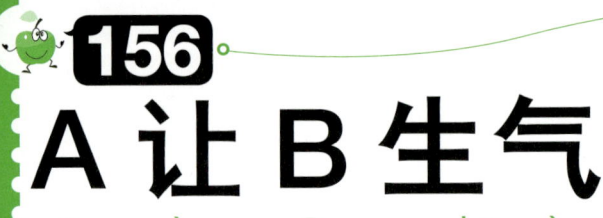

A 让 B 生气
A ràng B shēngqì

A가 B를 화나게 했어요

不要让我生气。
Búyào ràng wǒ shēngqì.
나를 화나게 하지 말아요.

这件事让她非常生气。
Zhè jiàn shì ràng tā fēicháng shēngqì.
이 일은 그녀를 대단히 화나게 만들었어요.

我的新室友真让我生气。
Wǒ de xīnshìyǒu zhēn ràng wǒ shēngqì.
내 새 룸메이트는 나를 정말 화나게 해요.

我不礼貌的态度让老师生气了。
Wǒ bù lǐmào de tàidu ràng lǎoshī shēngqì le.
내 버릇없는 태도가 선생님을 화나게 했어요.

● 张伟: 你又被妈妈教训了?

Nǐ yòu bèi māma jiàoxùn le?

너 또 엄마에게 혼났니?

○ 王芳: 我没打扫房间让妈妈生气了。

Wǒ méi dǎsǎo fángjiān ràng māma shēngqì le.

내가 방청소를 안 해서 엄마를 화나게 했어요.

不要	búyào	…하지 마라
室友	shìyǒu	룸메이트(=同屋 tóngwū)
不礼貌	bùlǐmào	예의없다, 버릇없다
态度	tàidu	태도, 자세
教训	jiàoxùn	가르치고 타이르다, 훈계하다, 꾸짖다
打扫	dǎsǎo	청소하다

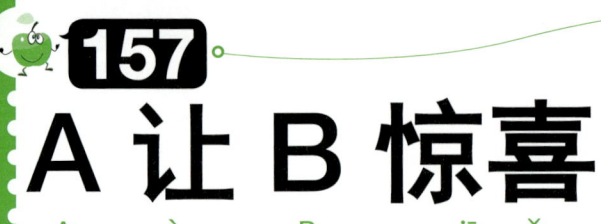

157

A 让 B 惊喜

A　ràng　B　jīngxǐ

A가 B를 놀라고 기쁘게 해줘요

STEP 1 활용예문

这个新闻让人惊喜了。

Zhège xīnwén ràng rén jīngxǐ le.

이 뉴스는 사람들을 놀라고 기쁘게 했어요.

这个消息让我十分惊喜。

Zhège xiāoxi ràng wǒ shífēn jīngxǐ.

이 소식은 나를 아주 기쁘고 놀라게 해요.

考试成绩让她太惊喜了。

Kǎoshìchéngjì ràng tā tài jīngxǐ le.

시험성적이 그녀를 너무 놀라고 기쁘게 했어요.

她的出现让大家惊喜了。

Tā de chūxiàn ràng dàjiā jīngxǐ le.

그녀의 등장은 모두를 놀라고 기쁘게 했어요.

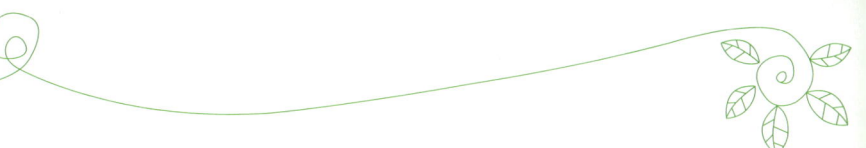

STEP 2 실전회화

● 张伟: 昨晚你男朋友向你告白了吗?

Zuówǎn nǐ nánpéngyou xiàng nǐ gàobáile ma?

어제 밤에 네 남자친구가 너에게 고백을 했니?

○ 王芳: 告白了。

Gàobái le.

고백했어.

他的礼物让我太惊喜了。

Tā de lǐwù ràng wǒ tài jīngxǐ le.

그의 선물은 나를 너무 기쁘고 놀라게 했어.

STEP 3 필수단어

惊喜	jīngxǐ	놀라고 기쁘다, 서프라이즈, 깜짝 놀래키다
新闻	xīnwén	뉴스, 새 소식
消息	xiāoxi	소식, 뉴스, 보도
考试	kǎoshì	시험
成绩	chéngjì	성적
出现	chūxiàn	출현하다, 나타나다
告白	gàobái	고백하다
礼物	lǐwù	선물

A 让 B 满意

A ràng B mǎnyì

A가 B를 만족시켰어요

STEP 1 활용예문

这家酒店让我很满意。

Zhè jiā jiǔdiàn ràng wǒ hěn mǎnyì.

이 호텔은 나를 너무 만족시켜요.

你们的服务太让我满意了。

Nǐmen de fúwù tài ràng wǒ mǎnyì le.

당신들의 서비스는 정말 나를 만족시켰어요.

这次更新太让我们满意了。

Zhè cì gēngxīn tài ràng wǒmen mǎnyì le.

이번 혁신은 정말 우리를 만족시켰어요.

我公司的待遇让我很满意。

Wǒ gōngsī de dàiyù ràng wǒ hěn mǎnyì.

우리 회사의 대우는 나를 정말 만족시켜요.

● 张伟:你的新房子怎么样?

Nǐ de xīnfángzi zěnmeyàng?

너의 새 집은 어때?

○ 王芳:新房子实在太让我满意了。

Xīnfángzi shízài tài ràng wǒ mǎnyì le.

새 집은 정말 너무 날 만족시켰어.

满意	mǎnyì	만족하다, 만족스럽다, 흡족하다
酒店	jiǔdiàn	호텔, 식당
服务	fúwù	봉사하다, 서비스하다
更新	gēngxīn	새롭게 바꾸다, 혁신하다, 업데이트하다
待遇	dàiyù	(급료·보수·권리·지위 등의) 대우, 대접
房子	fángzi	집, 건물
实在	shízài	정말, 참으로

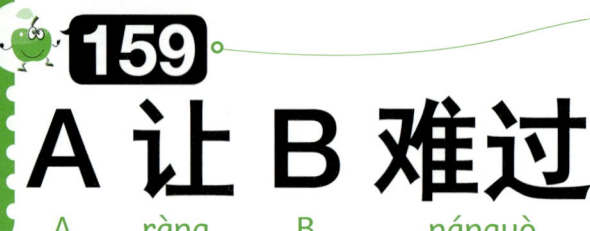

159
A 让 B 难过
A　ràng　B　nánguò

A가 B를 속상하게 해요

不要让我难过。
Búyào ràng wǒ nánguò.
나를 슬프게 하지 말아요.

这件事真让我难过。
Zhè jiàn shì zhēn ràng wǒ nánguò.
이 일은 정말 나를 괴롭게 해요.

男朋友太让我难过了。
Nánpéngyou tài ràng wǒ nánguò le.
남자친구가 나를 너무 속상하게 해요.

这起事故让我们非常难过。
Zhè qǐ shìgù ràng wǒmen fēicháng nánguò.
이 사고는 우리를 몹시 고통스럽게 했어요.

 STEP 2 실전회화

○ 王芳: 听说王老师生病住院了。
Tīngshuō Wáng lǎoshī shēngbìng zhùyuàn le.
듣자하니 왕선생님께서 아파서 입원하셨대.

● 张伟: 我也听说了。
Wǒ yě tīngshuō le.
나도 들었어.

这个消息太让我难过了。
Zhège xiāoxi tài ràng wǒ nánguò le.
이 소식이 너무 나를 힘들게 했어.

STEP 3 필수단어

难过	nánguò	속상하다, 괴롭다, 슬프다
起	qǐ	사고에 쓰는 양사(건, 가지)
事故	shìgù	사고
生病	shēngbìng	병이 나다
住院	zhùyuàn	병원에 입원하다
消息	xiāoxi	소식, 뉴스

A 让 B 大吃一惊

A ràng B dàchīyìjīng

A가 B를 깜짝 놀라게 했어요

STEP 1 활용예문

这个新闻让我们大吃一惊了。
Zhège xīnwén ràng wǒmen dàchīyìjīng le.
이 뉴스는 우리를 크게 놀라게 했어요.

这张图片真让人大吃一惊。
Zhè zhāng túpiàn zhēn ràng rén dàchīyìjīng.
이 사진은 정말 사람을 놀라게 해요.

他说的话让大家大吃一惊了。
Tā shuō de huà ràng dàjiā dàchīyìjīng le.
그가 한 말은 모두를 깜짝 놀라게 했어요.

这样的结果让观众大吃了一惊。
Zhè yang de jiéguǒ ràng guānzhòng dàchīle yìjīng.
이러한 결과는 모든 관중을 깜짝 놀라게 했어요.

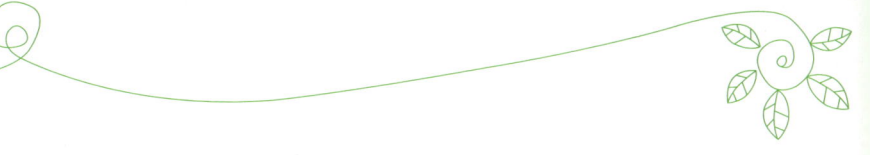

STEP 2 실전회화

● 张伟: **你看过这部电影吗？好看吗？**

Nǐ kànguo zhè bù diànyǐng ma? Hǎokàn ma?

너 이 영화 본 적 있니? 재미있니?

○ 王芳: **别提多好看了。**

Biétíduō hǎokàn le.

얼마나 재미있는지 말도 마.

尤其是电影的结局真让人大吃一惊了。

Yóuqíshì diànyǐng de jiéjú zhēn ràng rén dàchīyìjīng le.

특히 영화의 결말은 정말 사람을 깜짝 놀라게 했어.

这么好的电影, 打着灯笼都很难找的。

Zhème hǎo de diànyǐng, dǎzhe dēnglong dōu hěn nán zhǎo de.

이렇게 좋은 영화는 어디가도 찾기 힘들거야.

STEP 3 필수단어

新闻	xīnwén	뉴스, 소식
图片	túpiàn	사진, 그림
结果	jiéguǒ	결과, 결실, 열매
观众	guānzhòng	관중, 관객
尤其是	yóuqíshì	특히, 유난히
结局	jiéjú	결말, 결론

打着灯笼都很难找 dǎzhe dēnglong dōu hěn nán zhǎo
초롱등을 쳐들고 찾아도 찾기 어렵다, 눈을 씻고 찾아도 찾기 어렵다

A 让 B 无地自容

A ràng B wúdìzìróng

A가 B를 정말 쥐구멍이라도 찾고 싶게 만들어요

STEP 1 활용예문

考试的成绩让我无地自容。

Kǎoshì de chéngjì ràng wǒ wúdìzìróng.

시험성적이 날 정말 부끄럽게 만들었어요.

她说的话让我无地自容。

Tā shuō de huà ràng wǒ wúdìzìróng.

그녀가 한 말이 나를 매우 부끄럽게 만들었어요.

这个月的业绩让员工们无地自容。

Zhège yuè de yèjì ràng yuángōngmen wúdìzìróng.

이 달의 성과는 직원들을 매우 부끄럽게 만들었어요.

男朋友说脏话让我无地自容。

Nánpéngyou shuō zānghuà ràng wǒ wúdìzìróng.

남자친구가 욕을 해서 날 정말 부끄럽게 만들었어요.

张伟: 你长得比西施还要漂亮。
Nǐ zhǎngde bǐ xīshī hái yào piàoliang.
너 서시(중국미녀)보다 더 예쁜 것같아.

真是仇人眼里都是西施。
Zhēnshì chóurén yǎnli dōushì xīshī.
정말 넌 철천지 원수의 눈에도 미녀인 것 같아.

王芳: 你这么夸我真让我无地自容。
Nǐ zhème kuā wǒ zhēn ràng wǒ wúdìzìróng.
이렇게 칭찬을 하니 정말 부끄러워서 몸둘 바를 모르겠네요.

无地自容	wúdìzìróng	몸둘 바를 모르다, 부끄러워서 얼굴을 들 수 없다
成绩	chéngjì	성적, 점수
业绩	yèjì	성과
仇人	chóurén	철천지 원수, 적
说脏话	shuōzānghuà	욕을 하다
夸	kuā	① 칭찬하다 ② 과장하다, 허풍치다, 자랑하다

情人眼里出西施 qíngrényǎnlichūXīshī
사랑하는 사람 눈에는 상대편의 마맛자국도 보조개로 보인다. 제 눈의 안경

162

A 让 B 受益匪浅

A　　ràng　　B　　shòuyìfěiqiǎn

A가 B에게 많은 것을 배우게 했어요

尝试让年轻人受益匪浅。

Chángshì ràng niánqīngrén shòuyìfěiqiǎn.

도전은 젊은이에게 많은 것을 얻게 해줘요.

这件事让我受益匪浅。

Zhè jiàn shì ràng wǒ shòuyìfěiqiǎn.

이번 일은 나에게 큰 가르침을 주었어요.

这次研讨会让我受益匪浅。

Zhè cì yántǎohuì ràng wǒ shòuyìfěiqiǎn.

이번 세미나는 나에게 큰 도움이 되었어요.

这部纪录片让大家受益匪浅。

Zhè bù jìlùpiàn ràng dàjiā shòuyìfěiqiǎn.

이 다큐멘터리는 모두에게 큰 교훈을 얻게 해줘요.

● 张伟: 你听过王教授的演讲吗?

Nǐ tīngguo Wáng jiàoshòu de yǎnjiǎng ma?

너 왕 교수님의 강연을 들어봤니?

○ 王芳: 我曾经听过,

Wǒ céngjīng tīngguo,

나 예전에 들어본 적 있어.

他的演讲真让我受益匪浅。

Tā de yǎnjiǎng zhēn ràng wǒ shòuyìfěiqiǎn.

교수님의 강연은 나에게 정말 많은 것을 깨닫게 해줬어.

受益匪浅	shòuyìfěiqiǎn	얻은 이득이 많다, 꽤 많은 가르침(교훈)을 얻다
尝试	chángshì	시도해 보다, 경험해 보다
研讨会	yántǎohuì	심포지엄, 세미나, 워크숍
演讲	yǎnjiǎng	강연, 연설, 강의
纪录片	jìlùpiàn	기록영화, 다큐멘터리 영화
曾经	céngjīng	일찍이, 이전에

A 让 B 心满意足

A ràng B xīnmǎnyìzú

A가 B를 매우 만족시키다

这件事让我心满意足。
Zhè jiàn shì ràng wǒ xīnmǎnyìzú.
이번 일은 나를 매우 만족시켰어요.

这个结果让大家心满意足。
Zhège jiéguǒ ràng dàjiā xīnmǎnyìzú.
이 결과가 모두들 아주 흡족하게 해요.

他的承诺让我们心满意足。
Tā de chéngnuò ràng wǒmen xīnmǎnyìzú.
그의 승낙은 우리가 매우 만족스럽게 했어요.

这里的居住环境让她们心满意足了。
Zhèli de jūzhùhuánjìng ràng tāmen xīnmǎnyìzú le.
이곳의 주거환경은 그녀들을 대단히 흡족하게 했어요.

● 张伟: 你觉得这是最好的选择吗?

Nǐ juéde zhè shì zuì hǎo de xuǎnzé ma?

네 생각에 이것이 최선의 선택이니?

○ 王芳: 我相信这样做一定让大家心满意足。

Wǒ xiāngxìn zhèyàng zuò yídìng ràng dàjiā xīnmǎnyìzú.

난 이렇게 하면 모두를 매우 만족시킬것이라고 믿어.

结果	jiéguǒ	결과, 결실, 열매, 성과
承诺	chéngnuò	승낙하다, 대답하다
居住	jūzhù	거주하다
环境	huánjìng	환경
选择	xuǎnzé	선택하다
相信	xiāngxìn	믿다, 신임하다, 신뢰하다

Chapter 8　比 ~보다 더

比는 모양이나 정도의 차이를 나타낼 때 쓰는 전치사로서 "~보다, ~에 비해" 라는 뜻입니다. 比의 뒤에는 주로 형용사나 심리동사가 잘 옵니다.

① 부사의 활용

비교문에는 정도부사 "很、太、非常"는 쓸 수 없고, 비교를 나타내는 부사 "更、还"을 쓸 수 있어요.

西瓜比苹果很大。(×)
수박은 사과보다 아주 커요.

西瓜比苹果更大。(○)
수박은 사과보다 더 커요.

② 보어와 수량사의 활용

형용사의 뒤에는 "得多、多了一点儿、一些" 등의 보어와 수량사를 넣어 더욱 구체적인 표현을 만들 수 있어요.

我比她大两岁。
나는 그녀보다 두 살 더 많아요.

北京比首尔热得多。
베이징은 서울보다 훨씬 더워요.

今天比昨天冷多了。
오늘은 어제보다 훨씬 더 추워요.

汉语的语法比英语容易一些。
중국어의 어법은 영어보다 조금 더 쉬워요.

③ 부정형

"~보다 못하다"라고 표현할 때는 전치사 比의 앞에 부정부사 不를 붙이면 됩니다. 没는 쓸 수 없다는 것을 꼭 기억하세요.

今天比昨天更冷。 오늘은 어제보다 더 추워요.
→ 今天不比昨天冷。
오늘은 어제보다 춥지 않아요.

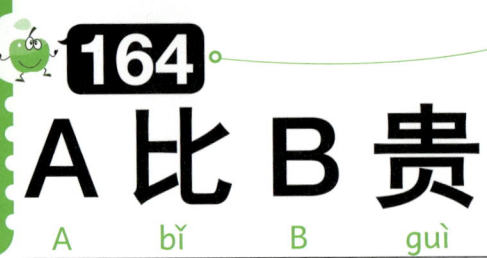

164
A 比 B 贵
A bǐ B guì

A가 B보다 비싸요

这道菜比那道菜还贵。
Zhè dào cài bǐ nà dào cài hái guì.
이 요리는 저 요리보다 더 비싸요.

这本书不比那本书贵。
Zhè běn shū bù bǐ nà běn shū guì.
이 책은 저 책보다 비싸지 않아요.

这台电脑比那台电脑更贵。
Zhè tái diànnǎo bǐ nà tái diànnǎo gèng guì.
이 컴퓨터는 저 컴퓨터보다 훨씬 비싸요.

这辆自行车不比那辆自行车贵。
Zhè liàng zìxíngchē bù bǐ nà liàng zìxíngchē guì.
이 자전거는 저 자전거보다 비싸지 않아요.

贵의 반대말은 便宜(piányi 싸다)에요. 贵를 便宜로 바꿔서 연습해보세요.

실전회화

● 张伟: 你觉得这件衣服怎么样?

Nǐ juéde zhè jiàn yīfu zěnmeyàng?

네가 보기에 이 옷 어때?

○ 王芳: 好看是好看,

Hǎokàn shì hǎokàn,

예쁘긴 예쁜데,

就是这件衣服的价格比那件衣服贵一点儿。

jiùshì zhè jiàn yīfu de jiàgé bǐ nà jiàn yīfu guì yìdiǎnr.

이 옷의 가격이 저 옷보다 좀 비싸.

STEP 3 필수단어

菜	cài	요리, 채소, 야채
自行车	zìxíngchē	자전거
电脑	diànnǎo	컴퓨터
价格	jiàgé	가격
好看	hǎokàn	아름답다, 근사하다, 보기 좋다
A 是 A, 就是 B	A shì A, jiùshì B	A하긴 하지만 B하다

tip

양사정리

道	dào	요리를 나타내는 양사	本	běn	책을 세는 양사
台	tái	컴퓨터 등 기계를 세는 양사	辆	liàng	자동차, 오토바이, 자전거 등을 세는 양사

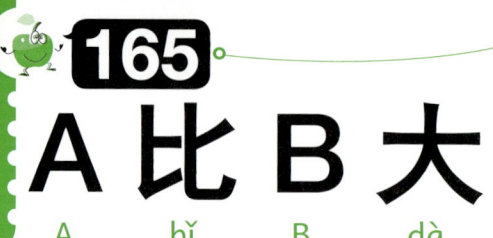

165

A 比 B 大
A　bǐ　B　dà

A가 B보다 커요

STEP 1 활용예문

西瓜**比**苹果还**大**。
Xīguā bǐ píngguǒ hái dà.
수박이 사과보다 더 커요.

这顶帽子不**比**那顶帽子**大**。
Zhè dǐng màozi bù bǐ nà dǐng màozi dà.
이 모자는 저 모자보다 크지 않아요.

王老师**比**张经理更**大**。
Wáng lǎoshī bǐ Zhāng jīnglǐ gèng dà.
왕선생님은 장사장님보다 나이가 더 많아요.

　大는 '크기가 크다'라는 뜻 외에 '나이가 많다'라는 뜻도 있어요.

我哥哥不**比**我男朋友**大**。
Wǒ gēge bù bǐ wǒ nánpéngyou dà.
우리오빠는 내 남자친구보다 나이가 많지 않아요.

　大의 반대말은 小(xiǎo ① 작다 ② 나이가 어리다)에요. 大를 小로 바꿔서 연습해보세요.

실전회화

● 张伟: 你觉得哪个更大?

Nǐ juéde něi gè gèng dà?

네 생각에 어떤 것이 더 커?

○ 王芳: 我觉得左边的比右边的还大。

Wǒ juéde zuǒbiān de bǐ yòubiān de hái dà.

내 생각에 왼쪽이 오른쪽보다 더 커.

STEP 3 필수단어

西瓜	xīguā	수박
苹果	píngguǒ	사과
帽子	màozi	모자
顶	dǐng	모자를 세는 양사
老师	lǎoshī	선생님
经理	jīnglǐ	사장님, 책임자, 매니저
觉得	juéde	…라고 생각하다, …라 느끼다
哪个	něigè	어느 것, 어떤 것
左边	zuǒbiān	왼쪽
右边	yòubiān	오른쪽

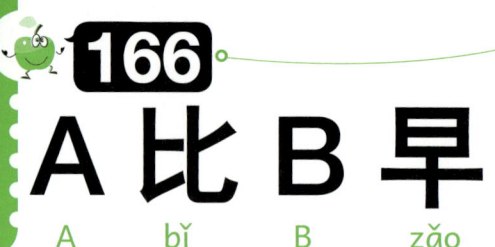

166
A 比 B 早
A　bǐ　B　zǎo

A가 B보다 (시간이)이르다

STEP 1 활용예문

他起床起得比我还早。
Tā qǐchuáng qǐ de bǐ wǒ hái zǎo.
그는 나보다 더 빨리 일어났어요.

他结婚不比我早。
Tā jiéhūn bù bǐ wǒ zǎo.
그는 나보다 결혼이 빠르지 않아요.

我们开始比他们更早。
Wǒmen kāishǐ bǐ tāmen gèng zǎo.
우리는 그들보다 더 빨리 시작했어요.

她生孩子不比我早。
Tā shēng háizi bù bǐ wǒ zǎo.
그녀는 아이를 나보다 일찍 낳지 않았어요.

早의 반대말은 晚(wǎn 늦다)에요. 早를 晚로 바꿔서 연습해보세요.

STEP 2 실전회화

● 张伟: 她什么时候到的?

Tā shénme shíhou dào de?

재 언제 왔어?

○ 王芳: 她来得比我还早。 五点钟到的。

Tā lái de bǐ wǒ hái zǎo. Wǔ diǎnzhōng dào de.

그녀는 나보다 더 빨리 왔어. 다섯시에 도착했어.

STEP 3 필수단어

起床	qǐchuáng	기상하다, 잠자리에서 일어나다
结婚	jiéhūn	결혼하다
开始	kāishǐ	시작하다
生孩子	shēngháizi	아이를 낳다

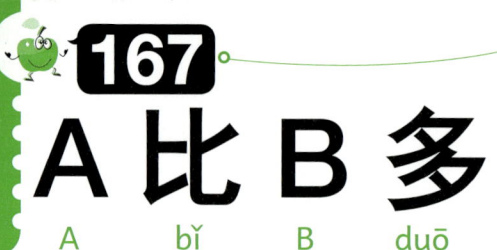

167
A 比 B 多
A　bǐ　B　duō

A가 B보다 많아요

STEP 1 활용예문

这个比那个还多。
Zhèige bǐ nèige hái duō.
이것이 저것보다 더 많아요.

我的书不比别人的多。
Wǒ de shū bù bǐ biérén de duō.
내 책은 다른 사람의 책 만큼 많지 않아요.

我的衣服比姐姐的衣服更多。
Wǒ de yīfu bǐ jiějie de yīfu gèng duō.
내 옷은 언니의 옷보다 더 많아요.

上海的人口不比北京的人口多。
Shànghǎi de rénkǒu bù bǐ Běijīng de rénkǒu duō.
상하이 인구는 베이징 인구보다 많지 않아요.

多의 반대말은 少(shǎo 적다)에요. 多를 少로 바꿔서 연습해보세요.

STEP 2 실전회화

● 张伟: 你觉得哪个更多?

Nǐ juéde něige gèng duō?

네 생각에 어떤 것이 더 많아?

○ 王芳: 我觉得蓝色的比红色的还多。

Wǒ juéde lánsè de bǐ hóngsè de hái duō.

내 생각에 파란색이 빨간색보다 더 많아요.

STEP 3 필수단어

别人	biérén	다른 사람, 타인
衣服	yīfu	옷
人口	rénkǒu	인구

tip

무지개 색깔에 대해 알아봅시다.

红色	hóngsè	빨강
橙色	chéngsè	주황
黄色	huángsè	노랑
绿色	lǜsè	초록
青色	qīngsè	파랑
蓝色	lánsè	남색
紫色	zǐsè	보라

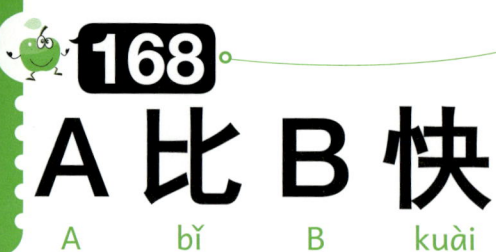

168
A 比 B 快
A bǐ B kuài

A가 B보다 빨라요

STEP 1 활용예문

飞机比火车更快。
Fēijī bǐ huǒchē gèng kuài.
비행기가 기차보다 더 빨라요.

狮子不比猎豹快。
Shīzi bù bǐ lièbào kuài.
사자는 치타보다 빠르지 않아요.

这架飞机比声音还快。
Zhè jià fēijī bǐ shēngyīn hái kuài.
이 비행기는 소리보다 더 빨라요.

这里的网速不比我家的网速快。
Zhèli de wǎngsù bù bǐ wǒjiā de wǎngsù kuài.
이곳의 인터넷속도는 우리집의 인터넷 속도보다 빠르지 않아요.

快의 반대말은 慢(màn 느리다)에요. 快를 慢으로 바꿔서 연습해보세요.

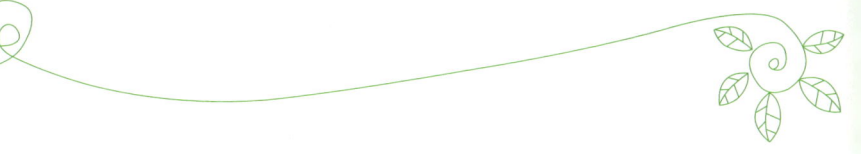

● 张伟: 上下班的时候,

Shàngxiàbān de shíhou,

출퇴근할 때,

开车快还是坐地铁快?

kāichē kuài háishì zuò dìtiě kuài?

운전하는게 빨라 아니면 지하철 타는 것이 빨라?

○ 王芳: 坐地铁比开车更快。

Zuò dìtiě bǐ kāichē gèng kuài.

지하철을 타는 것이 운전하는 것보다 더 빨라.

狮子	shīzi	사자
猎豹	lièbào	치타
架	jià	비행기를 세는 양사
声音	shēngyīn	소리
网速	wǎngsù	인터넷속도
上班	shàngbān	출근하다
下班	xiàbān	퇴근하다
开车	kāichē	운전을 하다
坐地铁	zuò dìtiě	지하철을 타다

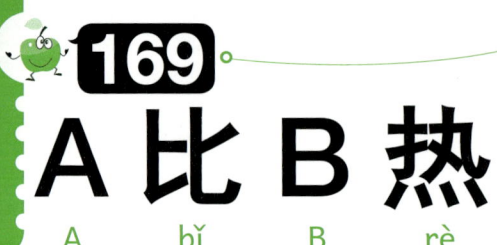

169
A 比 B 热
A bǐ B rè

A가 B보다 더워요

STEP 1 활용예문

北京比首尔还热。
Běijīng bǐ Shǒu'ěr hái rè.
베이징이 서울보다 더 더워요.

上海不比香港热。
Shànghǎi bù bǐ Xiānggǎng rè.
상하이는 홍콩보다 덥지 않아요.

今年比去年更热。
Jīnnián bǐ qùnián gèng rè.
올해가 작년보다 더 더워요.

今天不比昨天热。
Jīntiān bù bǐ zuótiān rè.
오늘은 어제보다 덥지 않아요.

热의 반대말은 冷(lěng 추워요)에요. 热를 冷으로 바꿔서 연습해보세요.

○ 王芳: 台湾的气候怎么样?

Táiwān de qìhòu zěnmeyàng?

타이완의 기후는 어때요?

● 张伟: 气候有点儿潮湿,

Qìhòu yǒudiǎnr cháoshī,

기후는 조금 습하고,

台湾比首尔热一点儿。

Táiwān bǐ Shǒu'ěr rè diǎnr.

타이완은 서울보다 좀 더 더워요.

STEP 3 필수단어

| 气候 | qìhòu | 기후 |
| 潮湿 | cháoshī | 습하다, 눅눅하다 |

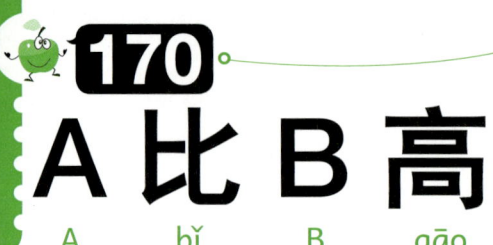

170
A 比 B 高

A   bǐ   B   gāo

A가 B보다 ① 높아요 ② 키가 커요

STEP 1 활용예문

这座大厦比那座大厦还高。

Zhè zuò dàshà bǐ nà zuò dàshà hái gāo.

이 빌딩은 저 빌딩보다 더 높아요.

金刚山不比汉拿山高。

Jīngāng Shān bù bǐ Hànná Shān gāo.

금강산은 한라산보다 높지 않아요.

我姐姐比我更高。

Wǒ jiějie bǐ wǒ gèng gāo.

우리 누나는 나보다 키다 더 커요.

爸爸不比妈妈高。

Bàba bù bǐ māma gāo.

아빠는 엄마보다 키가 크지 않아요.

高의 반대말은 두 개예요. '낮다'라고 할때는 低(dī 낮아요)라고 해요.
'키가 작다'라고 할 때는 矮(ǎi 키가 작아요)라고 해요. 단어를 바꿔서 연습해 보세요.

 **STEP 2** 실전회화

○ **王芳:** 你和弟弟谁的个子更高?

Nǐ hé dìdi shéi de gèzi gèng gāo?

너랑 동생 중 누가 키가 더 크니?

● **张伟:** 我个子不**比**弟弟**高**。

Wǒ gèzi bù bǐ dìdi gāo.

내 키는 동생보다 크지 않아.

STEP 3 필수단어

座	zuò	교각, 건물, 산 등을 세는 양사
大厦	dàshà	빌딩, 고층건물
个子	gèzi	키

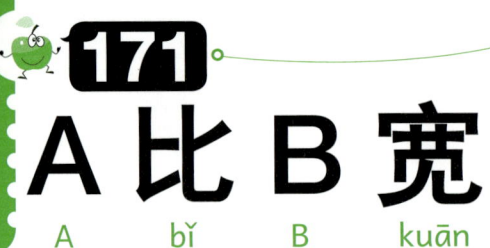

171
A 比 B 宽
A　bǐ　B　kuān

A가 B보다 넓어요

STEP 1 활용예문

这条河比那条河还宽。

Zhè tiáo hé bǐ nà tiáo hé hái kuān.

이 강은 저 강보다 더 넓어요.

这个房间不比那个房间宽。

Zhège fángjiān bù bǐ nàge fángjiān kuān.

이 방은 그 방보다 넓지 않아요.

这条马路比那条马路更宽。

Zhè tiáo mǎlù bǐ nà tiáo mǎlù gèng kuān.

이 길이 저 길보다 더 넓어요.

他的肩膀不比我的宽。

Tā de jiānbǎng bù bǐ wǒ de kuān.

그의 어깨는 내 어깨보다 넓지 않아요.

tip

宽의 반대말은 窄(zhǎi 좁아요)라고 해요. 단어를 바꿔서 연습해 보세요.

● 张伟: 你新买的手机怎么样?

Nǐ xīn mǎi de shǒujī zěnmeyàng?

너 새로 산 휴대폰 어때?

○ 王芳: 手机屏幕比以前的宽。

Shǒujī píngmù bǐ yǐqián de kuān.

휴대폰화면이 이전것보다 넓어.

条	tiáo	강, 하천이나 길 등 폭이 좁고 가는 것을 세는 양사
河	hé	강, 하천
马路	mǎlù	대로, 큰길, 찻길
房间	fángjiān	방
肩膀	jiānbǎng	어깨
屏幕	píngmù	스크린, 화면

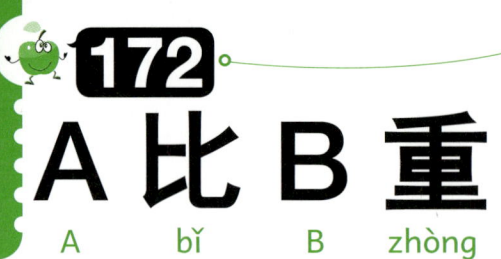

A 比 B 重

A　bǐ　B　zhòng

A가 B보다 무거워요

 **STEP 1 활용예문**

这个包裹比那个包裹还重。
Zhège bāoguǒ bǐ nàge bāoguǒ hái zhòng.
이 소포는 저 소포보다 더 무거워요.

我的书包不比他的书包重。
Wǒ de shūbāo bù bǐ tā de shūbāo zhòng.
내 책가방은 그의 책가방보다 무겁지 않아요.

这把刀比那把刀更重。
Zhè bǎ dāo bǐ nà bǎ dāo gèng zhòng.
이 칼은 저 칼보다 더 무거워요.

这个手机不比那个手机重。
Zhège shǒujī bù bǐ nàge shǒujī zhòng.
이 휴대폰은 저 휴대폰보다 무겁지 않아요.

tip
重의 반대말은 轻(qīng 가볍다)라고 해요. 단어를 바꿔서 연습해 보세요.

 **STEP 2** 실전회화

● 张伟: **大象和河马哪个动物更重?**

Dàxiàng hé hémǎ něige dòngwù gèng zhòng?

코끼리와 하마 중 어느 동물이 더 무거워?

○ 王芳: **大象比河马更重。**

Dàxiàng bǐ hémǎ gèng zhòng.

코끼리가 하마보다 더 무거워요.

STEP 3 필수단어

包裹	bāoguǒ	소포
书包	shūbāo	책가방
把	bǎ	칼, 의자, 우산 등 손잡이가 있는 것을 세는 양사
刀	dāo	칼
手机	shǒujī	휴대폰
动物	dòngwù	동물

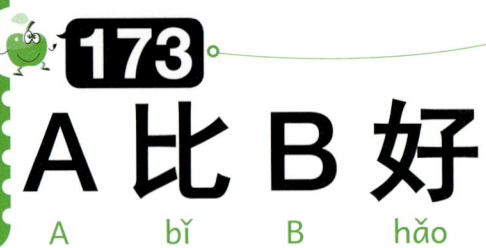

173

A 比 B 好

A bǐ B hǎo

A가 B보다 좋아요

今天天气比昨天好多了。

Jīntiān tiānqì bǐ zuótiān hǎo duō le.

오늘 날씨는 어제보다 더 좋아요.

这家餐厅不比那家餐厅好。

Zhè jiā cāntīng bù bǐ nà jiā cāntīng hǎo.

이 식당은 저 식당보다 좋지 않아요.

明天会比今天更好的。

Míngtiān huì bǐ jiāntiān gèng hǎo de.

내일은 오늘보다 더 좋을거에요.

我的成绩不比他的成绩好。

Wǒ de chéngjì bù bǐ tā de chéngjì hǎo.

내 성적은 그의 성적보다 좋지 않아요.

好의 반대말은 坏(huài 나쁘다) 또는 差(chà 좋지 않다)에요.
단어를 바꿔서 연습해 보세요.

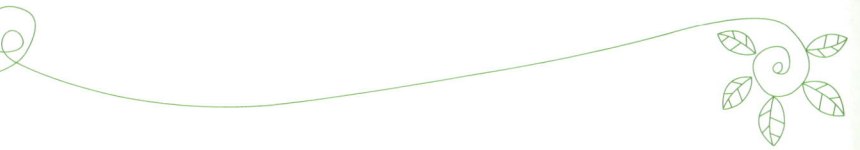

STEP 2 실전회화

● 张伟: 大学毕业以后,

Dàxué bìyè yǐhòu,

대학졸업한 후에,

你想做生意还是想当上班族?

Nǐ xiǎng zuò shēngyì háishì xiǎng dāng shàngbānzú?

넌 사업을 하고 싶니 아니면 직장인이 되고 싶니?

○ 王芳: 我觉得老板不比上班族好。

Wǒ juéde lǎobǎn bù bǐ shàngbānzú hǎo.

내 생각에 사장님은 샐러리맨 보다 좋지 않은 것 같아.

STEP 3 필수단어

天气	tiānqì	날씨
餐厅	cāntīng	식당, 레스토랑
成绩	chéngjì	성적
做生意	zuòshēngyì	장사를 하다, 무역을 하다
当	dāng	…이 되다
上班族	shàngbānzú	샐러리맨, 직장인
老板	lǎobǎn	상점주인, 사장님

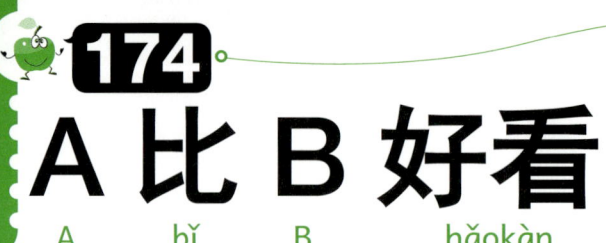

174
A 比 B 好看

A　　bǐ　　B　　hǎokàn

A가 B보다 보기 좋아요

STEP 1 활용예문

大的不比小的好看。
Dà de bù bǐ xiǎo de hǎokàn.
큰 것은 작은 것보다 보기 좋지 않아요.

这条牛仔裤比那条牛仔裤还好看。
Zhè tiáo niúzǎikù bǐ nà tiáo niúzǎikù hái hǎokàn.
이 청바지가 저 청바지보다 더 예뻐요.

这辆自行车比那辆自行车更好看。
Zhè liàng zìxíngchē bǐ nà liàng zìxíngchē gèng hǎokàn.
이 자전거가 저 자전거보다 더 근사해요.

那位演员不比我的女朋友好看。
Nà wèi yǎnyuán bù bǐ wǒ de nǚpéngyou hǎokàn.
저 배우는 내 여자친구보다 예쁘지 않아요.

好看의 반대말은 难看(nánkàn 보기싫다)에요. 단어를 바꿔서 연습해 보세요.

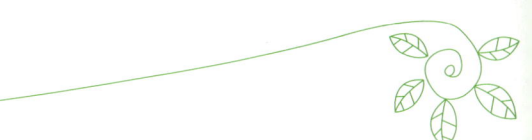

● 张伟: 你觉得哪双运动鞋更好看?

Nǐ juéde nǎ shuāng yùndòngxié gèng hǎokàn?

네 생각에 어떤 운동화가 더 보기 좋아?

○ 王芳: 我觉得白色的比黑色的更好看。

Wǒ juéde báisè de bǐ hēisè de gèng hǎokàn.

내 생각에 흰색이 검은색보다 더 보기 좋아.

STEP 3 필수단어

牛仔裤	niúzǎikù	청바지
演员	yǎnyuán	배우, 연기자
位	wèi	사람을 세는 양사. 존칭의 의미가 있어요.
运动鞋	yùndòngxié	운동화
白色	báisè	흰색
黑色	hēisè	검은색

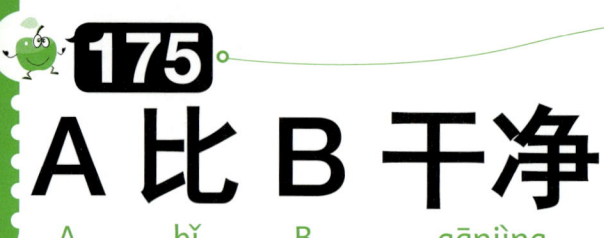

A 比 B 干净
A bǐ B gānjìng

A가 B보다 깨끗해요

这双袜子比那双袜子还干净。
Zhè shuāng wàzi bǐ nà shuāng wàzi hái gānjìng.
이 양말은 저 양말보다 깨끗해요.

我的房间不比妹妹的房间干净。
Wǒ de fángjiān bù bǐ mèimei de fángjiān gānjìng.
내 방은 여동생의 방보다 깨끗하지 않아요.

这里的洗手间比酒店的洗手间更干净。
Zhèli de xǐshǒujiān bǐ jiǔdiàn de xǐshǒujiān gèng gānjìng.
이 곳의 화장실이 호텔화장실보다 더 깨끗해요.

这里的街道不比北京的街道干净。
Zhèli de jiēdào bù bǐ Běijīng de jiēdào gānjìng.
이 곳의 거리는 베이징의 거리보다 깨끗하지 않아요.

干净의 반대말은 脏(zāng 더럽다)에요. 단어를 바꿔서 연습해 보세요.

● 张伟:养猫和养狗哪个更干净呢?

Yǎngmāo hé yǎnggǒu něige gèng gānjìng ne?

고양이와 강아지 중 어느 것을 기르는 것이 더 깨끗하니?

○ 王芳:我觉得养猫比养狗更干净。

Wǒ juéde yǎngmāo bǐ yǎnggǒu gèng gānjìng.

내 생각에 고양이를 키우는 것이 강아지를 키우는 것보다 더 깨끗해요.

袜子	wàzi	양말
房间	fángjiān	방
洗手间	xǐshǒujiān	화장실
街道	jiēdào	거리, 길거리, 큰길, 대로
养猫	yǎngmāo	고양이를 키우다
养狗	yǎnggǒu	개를 키우다

176

A 总比 B 强

A zǒng bǐ B qiáng

A가 어쨌든 B보단 나아요

STEP 1 활용예문

迟做总比不做强。
Chí zuò zǒng bǐ bú zuò qiáng.
늦게라도 하는게 어쨌든 안 하는 것보단 나아요.

鼓励总比指责强。
Gǔlì zǒng bǐ zhǐzé qiáng.
격려가 그래도 질책하는 것 보단 나아요.

活着总比死了强。
Huózhe zǒng bǐ sǐle qiáng.
사는것이 그래도 죽는 것 보다 나아요.

对话总比对抗强。
Duìhuà zǒng bǐ duìkàng qiáng.
대화가 어쨌든 대항하는 것 보단 나아요.

● 王芳: 气死我了, 我男朋友笨得要命。

Qì sǐ wǒ le, wǒ nánpéngyou bèn de yàomìng.

정말 화가 나 죽겠어. 내 남자친구 정말 바보 같아.

○ 张伟: 笨蛋总比坏蛋强。

Bèndàn zǒng bǐ huàidàn qiáng.

바보가 어쨌든 나쁜 놈 보단 낫잖아.

鼓励	gǔlì	격려하다, 용기를 복 돋우다
指责	zhǐzé	지적하다, 질책하다, 비난하다
对抗	duìkàng	대항하다, 맞서다
…得要命	…deyàomìng	…해서 죽을 지경이다(정도가 매우 심함을 나타내요)
笨蛋	bèndàn	바보, 멍청이, 얼간이
坏蛋	huàidàn	나쁜 놈, 몹쓸 놈, 악당

没有比 A 更 B 的了

méiyǒu bǐ   A   gèng   B   de   le

A보다 더 B한 것은 없다

 **STEP 1** 활용예문

没有比飞机**更**安全**的了**。
Méiyǒu bǐ fēijī gèng ānquán de le.
비행기보다 더 안전한 것은 없어요.

没有比爱**更**悲伤**的了**。
Méiyǒu bǐ ài gèng bēishāng de le.
사랑보다 더 슬픈 일은 없어요.

没有比健康**更**重要**的了**。
Méiyǒu bǐ jiànkāng gèng zhòngyào de le.
이 일보다 더 중요한 일은 없어요.

没有什么比这种结果**更**糟糕**的了**。
Méiyǒu shénme bǐ zhè zhǒng jiéguǒ gèng zāogāo de le.
어떤 것도 이런 결과보다 더 고약한 것은 없어요.

没有什么比라고 하면 어떤 것도 라는 의미로 강조의 어감을 더해줄 수 있어요.

● 张伟: 你看过这部电影吗?

Nǐ kànguo zhè bù diànyǐng ma?

너 이 영화 봤니?

○ 王芳: 我早就看过。

wǒ zǎojiù kànguo.

난 진작에 봤지.

我觉得没有比这部电影更经典的了。

wǒ juéde méiyǒu bǐ zhè bù diànyǐng gèng jīngdiǎn de le.

내 생각엔 이 영화보다 더 최고의 작품은 없어.

安全	ānquán	안전하다
悲伤	bēishāng	마음이 아프다, 몹시 슬프다
种	zhǒng	종류, 갈래, 종
糟糕	zāogāo	고약하다, 엉망이다, 못쓰게 되다, 망치다
结果	jiéguǒ	결과
早就	zǎojiù	진작에, 일찌감치
经典	jīngdiǎn	최고이다, 영향력이 크다
我觉得…	wǒjuéde…	내 생각에는…하다

Chapter 9

向 ~를 향해

往 ~쪽으로

朝 ~를 바라보며

向은 "～를 향하여"라는 뜻으로 동사동작의 방향을 나타냅니다.
또한, "～에게"라는 뜻으로 동작행위의 대상을 끌어내줄 때도 쓸 수 있는 전치사입니다.

① 방향

방향을 나타낼 때는 "～으로, ～향하여"라는 뜻으로 전치사 "往、向、朝"와 같은 뜻으로 서로 바꿔 쓸 수 있어요.

向东走。 동쪽으로 가요.
向右转。 오른쪽으로 돌아요.

② 대상

대상을 나타낼 때는 "…에게"라는 뜻으로 给보다 존경과 존중의 의미가 좀 더 강하고 좀 더 공식적인 자리나 글로 쓸 때 더 잘 쓰이죠.

我想向你请教。
나는 당신에게 배우고 싶습니다.

我向大家表示感谢。
나는 여러분에게 감사의 뜻을 표합니다.

往은 방향을 나타내는 전치사로 "~쪽으로, ~을 향해"라는 뜻입니다.
往의 뒤에는 주로 장소나 방향을 나타내는 단어가 잘 옵니다.

往前走。 앞으로 가요.

往右拐。 오른쪽으로 돌아요.

别往心里去。
마음에 두지 말아요.

人往高处走, 水往低处流。
사람은 높은 곳을 향해 가고 물은 낮은 곳으로 흐른다.

往의 뒤에 인칭대명사가 올 경우에는 그 인칭대명사의 뒤에 这里(这儿)/那里(那儿)를 함께
써줘야 장소의 역할을 할 수 있습니다.

往我这里来。 나에게로 와.

往你那里去。 너에게 갈게.

朝는 기본적으로 방향을 나타내는 전치사입니다. "~쪽으로, ~을 향해"라는 뜻
입니다. 특히, 朝는 신체의 일부를 이용한 동작을 나타낼 때 잘 쓰입니다.

朝前走。 앞으로 가요.

朝左拐。 왼쪽으로 돌아요.

朝我们挥手。 우리들에게 손을 흔들다.

朝她们眨眼。 그녀들에게 눈을 깜박이다.

朝他们点头。 그들을 보고 고개를 끄덕이다.

178 A 向 B 道歉

A xiàng B dàoqiàn

A가 B에게 사과하다

STEP 1 활용예문

我向大家道歉了。

Wǒ xiàng dàjiā dàoqiàn le.

나는 모두에게 사과했어요.

你应该向他道歉。

Nǐ yīnggāi xiàng tā dàoqiàn.

넌 반드시 그에게 사과해야 돼.

老板向顾客道歉了。

Lǎobǎn xiàng gùkè dàoqiàn le.

사장님은 손님에게 사과했어요.

我代表公司向各位道歉。

Wǒ dàibiǎo gōngsī xiàng gèwèi dàoqiàn.

제가 회사를 대표해서 여러분께 사죄 드립니다.

● 张伟: 她还在生我的气，我怎么办呢？

Tā hái zài shēng wǒ de qì, wǒ zěnmebàn ne?

그녀는 아직 나에게 화가 나 있어, 나 어떡하지?

○ 王芳: 我建议你诚恳地向她道歉吧。

Wǒ jiànyì nǐ chéngkěn de xiàng tā dàoqiàn ba.

네게 진심으로 그녀에게 사과하라고 말해주고 싶어.

老板	lǎobǎn	상점주인, 사장
顾客	gùkè	고객, 손님
代表	dàibiǎo	대표하다, 대신하다
各位	gèwèi	여러분 [앞에 있는 모든 사람을 이르는 말]
建议	jiànyì	건의하다, 제안하다
诚恳	chéngkěn	진실하다, 간절하다

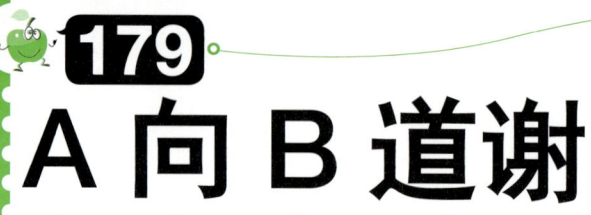

A 向 B 道谢

A　xiàng　B　dàoxiè

A가 B에게 감사의 말을 전하다

STEP 1 활용예문

我已经向他们道谢了。

Wǒ yǐjing xiàng tāmen dàoxiè le.

난 이미 그들에게 감사의 뜻을 전했어요.

你应该向医生道谢。

Nǐ yīnggāi xiàng yīshēng dàoxiè.

넌 반드시 의사선생님께 감사하다고 말해야 돼.

我想向各位朋友道谢。

Wǒ xiǎng xiàng gèwèi péngyou dàoxiè.

난 친구 여러분에게 감사의 말을 전하고 싶어요.

导演向现场观众道谢。

Dǎoyǎn xiàng xiànchǎngguānzhòng dàoxiè.

영화감독은 현장관중에게 감사의 뜻을 표했습니다.

 실전회화

○ 王芳: 多亏你的帮助, 我才能完成了工作。

Duōkuī nǐ de bāngzhù, wǒ cái néng wánchéng le gōngzuò.

네 도움 덕분에, 내가 일을 마칠 수 있었어.

我应该向你道谢。

Wǒ yīnggāi xiàng nǐ dàoxiè.

난 너에게 감사의 말을 꼭 전하고 싶어.

● 张伟: 哪儿的话, 这是我应该做的。

Nǎr de huà, zhè shì wǒ yīnggāi zuò de.

천만에, 이건 내가 마땅히 해야 하는 일이잖아.

STEP 3 필수단어

各位	gèwèi	여러분(앞에 있는 모든 사람을 이르는 말이에요)
导演	dǎoyǎn	연출자, 감독, 안무 // 연출하다, 감독하다
观众	guānzhòng	관중, 구경꾼, 시청자
多亏	duōkuī	은혜를 입다, 덕택이다
完成	wánchéng	완성하다, 끝내다, 완수하다
哪儿的话	nǎrdehuà	뭘요, 천만에요, 별 말씀을요

411

180
A 向 B 问好
A   xiàng   B   wènhǎo

A가 B에게 안부를 묻다

STEP 1 활용예문

请你替我向你母亲问好。
Qǐng nǐ tì wǒ xiàng nǐ mǔqīn wènhǎo.
내 대신 네 어머니께 안부를 전해줘.

请你帮我向王总问好。
Qǐng nǐ bāng wǒ xiàng Wángzǒng wènhǎo.
내 대신 왕사장님께 안부 좀 전해줘.

'王总'은 성이 왕씨인 사장님을 부르는 말이에요.
'总=总经理 zǒngjīnglǐ 최고책임자'를 줄여부르는 것이에요. 잘 기억해두세요.

请你替我向大家问好。
Qǐng nǐ tì wǒ xiàng dàjiā wènhǎo.
저 대신 사람들에게 안부를 전해주세요.

请你帮我向你家人问好。
Qǐng nǐ bāng wǒ xiàng nǐ jiārén wènhǎo.
저를 대신해서 당신가족에게 안부를 전해주세요.

'请你替我' 또는 '请你帮我'는 '제 대신…좀 해주세요'라는 뜻으로,
상대방에게 부탁이나 요청을 할 때 예의바르게 잘 붙이는 말이에요.

张伟: 小红找你, 你来接电话吧。

Xiǎo Hóng zhǎonǐ, nǐ lái jiē diànhuà ba.

샤오홍이 너 찾는데, 와서 전화받아봐.

王芳: 我现在不方便接电话。

Wǒ xiànzài bù fāngbiàn jiē diànhuà.

나 지금 통화하기 곤란해요.

请你替我向他问好。

Qǐng nǐ tì wǒ xiàng tā wènhǎo.

내 대신 그에게 안부를 물어주세요.

STEP 3 필수단어

替	tì	대신하다, 대체하다
家人	jiārén	한 집안 식구(사람), 한 가족(식구)
方便	fāngbiàn	편리하다, 편하다

tip
전화관련표현

打电话	dǎdiànhuà	전화를 걸다
接电话	jiēdiànhuà	전화를 받다
挂电话	guàdiànhuà	전화를 끊다
占线	zhànxiàn	통화중이다

181

A 向 B 表示 C

A　xiàng　B　biǎoshì　C

A가 B에게 C를 나타내다

我向大家表示感谢。
Wǒ xiàng dàjiā biǎoshì gǎnxiè.
여러분께 감사의 뜻을 전합니다.

C자리에는 주로 다음과 같은 단어가 잘 나와요.

感谢 gǎnxiè 감사하다　　欢迎 huānyíng 환영하다
祝贺 zhùhè 축하하다　　敬意 jìngyì 경의, 존경의 마음

C의 앞에는 다음과 같은 수식어도 잘 써요.

诚挚的感谢 chéngzhì de gǎnxiè 진실한 감사
热烈的欢迎 rèliè de huānyíng 열렬한 환영
衷心的祝贺 zhōngxīn de zhùhè 진심어린 축하
深深的敬意 shēnshēn de jìngyì 깊은 존경

我向你们表示欢迎。
Wǒ xiàng nǐmen biǎoshì huānyíng.
저는 여러분께 환영을 뜻을 전합니다.

我向各位朋友表示祝贺。
Wǒ xiàng gèwèi péngyou biǎoshì zhùhè.
저는 여러 친구들에게 감사를 표하는 바입니다.

我向同事们表示敬意。
Wǒ xiàng tóngshìmen biǎoshì jìngyì.
저는 동료분들께 존경을 표합니다.

● 张伟:现在有请, 王芳同学。

Xiànzài yǒuqǐng, Wáng Fāng tóngxué.

지금 왕팡 학생을 모시겠습니다.

请掌声鼓励。

Qǐng zhǎngshēng gǔlì.

박수로 환영해 주세요.

○ 王芳:谢谢大家。

Xièxie dàjiā.

여러분, 감사합니다.

首先, 我向各位老师表示感谢。

Shǒuxiān, wǒ xiàng gèwèi lǎoshī biǎoshì gǎnxiè.

먼저, 여러 선생님들께 감사의 뜻을 전합니다.

各位	gèwèi	여러분(앞에 있는 모든 사람을 이르는 말이에요)
衷心	zhōngxīn	마음에서 우러나오다, 진심이다
有请	yǒuqǐng	어서 들어오십시오, 부르십니다
掌声	zhǎngshēng	박수 소리
鼓励	gǔlì	격려하다, 용기를 북돋우다
首先	shǒuxiān	먼저, 우선

182
A 向 B 学习

A xiàng B xuéxí

A가 B를 본받다

你要向他学习。

Nǐ yào xiàng tā xuéxí.

너는 그를 본받아야 해.

我应该向您学习。

Wǒ yīnggāi xiàng nín xuéxí.

저는 꼭 당신께 많이 배워야겠어요.

你们应该向王局长学习。

Nǐmen yīnggāi xiàng Wáng júzhǎng xuéxí.

여러분들은 반드시 왕국장님을 본받아야 해요.

我们要向韩国学习。

Wǒmen yào xiàng Hánguó xuéxí.

우리들은 한국을 본받아야 해요.

STEP 2 실전회화

● 张伟: 你又拿到了奖学金,

Nǐ yòu nádàole jiǎngxuéjīn,
너 또 장학금 탔구나,

我应该向你学习!

wǒ yīnggāi xiàng nǐ xuéxí!
널 좀 본받아야겠어!

○ 王芳: 哪儿的话, 我这次完全是靠运气的。

Nǎrdehuà, wǒ zhècì wánquán shì kào yùnqì de.
아니야, 난 이번은 완전히 운이 좋았어.

STEP 3 필수단어

拿到	nádào	받다, 따다
奖学金	jiǎngxuéjīn	장학금
完全	wánquán	완전히
靠	kào	의지하다, …에 달려 있다
运气	yùnqì	운, 운수, 운이 좋다, 행운이다
哪儿的话	nǎrdehuà	뭘요, 천만에요, 별 말씀을요

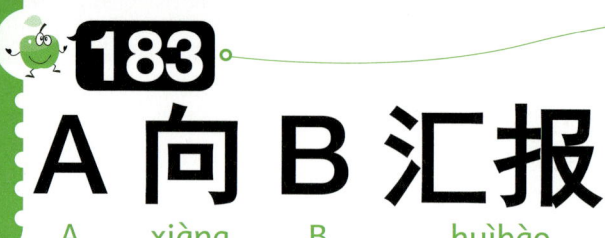

183
A 向 B 汇报

A　xiàng　B　huìbào

A가 B에게 보고하다

 **활용예문**

我得向部长汇报。
Wǒ děi xiàng bùzhǎng huìbào.
나는 부장님께 보고를 해야 합니다.

我向经理汇报了具体情况。
Wǒ xiàng jīnglǐ huìbàole jùtǐqíngkuàng.
나는 사장님께 구체적인 상황을 보고했어요.

她正在向领导汇报。
Tā zhèngzài xiàng lǐngdǎo huìbào.
그녀는 보스에게 보고를 하고 있어요.

他每个月向老师汇报学习情况。
Tā měigèyuè xiàng lǎoshī huìbào xuéxí qíngkuàng.
그는 매달 선생님께 학습상황을 보고해요.

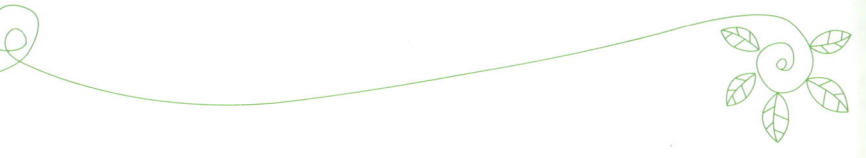

王芳: 你多关注一下那个项目,

Nǐ duō guānzhù yíxià nàge xiàngmù,

그 프로젝트에 관심을 더 가져요.

有进展随时向我汇报。

yǒu jìnzhǎn suíshí xiàng wǒ huìbào.

진전이 있으면 언제든지 내게 보고해요.

张伟: 您放心, 我会跟进的。

Nín fàngxīn, wǒ huì gēnjìn de.

걱정하지 마세요, 제가 팔로우 업 하겠습니다.

STEP 3 필수단어

具体	jùtǐ	구체적이다
领导	lǐngdǎo	보스, 사장님, 지도자, 영도자
关注	guānzhù	관심을 가지다, 주시하다, 배려하다
项目	xiàngmù	과제, 프로젝트, 사업
进展	jìnzhǎn	진척이 있다, 전진하다, 발달하다
随时	suíshí	수시로, 아무 때나, 언제든지
跟进	gēnjìn	후속조치를 하다, 팔로우 업(follow-up), 따라서 나아가다

A 向 B 告白

A xiàng B gàobái

A가 B에 고백하다

我向她告白了。

Wǒ xiàng tā gàobái le.

나는 그녀에게 고백을 했어요.

他打算向冰冰告白。

Tā dǎsuan xiàng Bīngbīng gàobái.

그는 삥삥에게 고백할 계획이에요.

他已经向校花告白了。

Tā yǐjing xiàng xiàohuā gàobái le.

그는 이미 캠퍼스 퀸에게 고백을 했어요.

我还没向班花告白。

Wǒ hái méi xiàng bānhuā gàobái.

나는 아직 반에서 가장 예쁜 여학생에게 고백하지 않았어요.

 STEP 2 실전회화

● 张伟: 你和她开始谈恋爱了?

　　Nǐ hé tā kāishǐ tánliàn'ài le?

　　너 걔랑 사귀기 시작했니?

○ 王芳: 我昨天向她告白了。

　　Wǒ zuótiān xiàng tā gàobái le.

　　나 어제 그녀에게 고백했어.

STEP 3 필수단어

打算	dǎsuan	…할 작정이다, …할 계획이다
校花	xiàohuā	캠퍼스 퀸, 학교에서 공인된 제일 아름다운 여학생
班花	bānhuā	반에서 가장 예쁜 여학생
开始	kāishǐ	시작하다
谈恋爱	tánliàn'ài	연애하다, 사랑을 속삭이다

185

A 向 B 请假

A   xiàng   B   qǐngjià

A가 B에 휴가를 내다

STEP 1 활용예문

我要向公司请假。
Wǒ yào xiàng gōngsī qǐngjià.
나는 회사에 휴가를 낼 거야.

她想向单位请假。
Tā xiǎng xiàng dānwèi qǐngjià.
그녀는 직장에 휴가를 낼 생각이에요.

他已经向学校请假了。
Tā yǐjing xiàng xuéxiào qǐngjià le.
그는 이미 학교에서 조퇴를 했어요.

我还没向领导请假。
Wǒ hái méi xiàng lǐngdǎo qǐngjià.
나는 아직 사장님께 휴가를 신청하지 않았어요.

STEP 2 실전회화

● 张伟: 你今天怎么不上班了?

　　　Nǐ jīntiān zěnme bú shàngbān le?

　　　너 오늘 왜 출근 안 했니?

○ 王芳: 为了办签证,

　　　Wèile bàn qiānzhèng,

　　　비자를 신청하기 위해,

　　　我向公司请了半天假。

　　　wǒ xiàng gōngsī qǐngle bàntiān jià.

　　　난 회사에 반차를 냈어.

STEP 3 필수단어

想	xiǎng	…할 생각이다
要	yào	…할 것이다
公司	gōngsī	회사, 직장
单位	dānwèi	직장, 기관, 회사.단체
领导	lǐngdǎo	지도자, 리더.보스
上班	shàngbān	출근하다
还没	háiméi	아직…하지 않다
办签证	bànqiānzhèng	비자를 받다
半天	bàntiān	한나절, 반일, 한참

186

向 A 推荐 B
xiàng   A   tuījiàn   B

A에게 B를 추천하다

STEP 1 활용예문

我向你推荐一本书。

Wǒ xiàng nǐ tuījiàn yì běn shū.

내가 너에게 책 한 권 추천할게.

他向老师推荐了一家中国餐厅。

Tā xiàng lǎoshī tuījiànle yì jiā Zhōngguócāntīng.

그는 선생님에게 중국식당을 한 곳 추천했어요.

她向朋友推荐了不错的化妆品。

Tā xiàng péngyou tuījiànle búcuò de huàzhuāngpǐn.

그녀는 친구에게 괜찮은 화장품을 추천했어요.

我要向大家推荐一家很好的酒店。

Wǒ yào xiàng dàjiā tuījiàn yì jiā hěn hǎo de jiǔdiàn.

내가 여러분께 아주 좋은 호텔을 소개해 드릴게요.

● 张伟: 你要点什么菜?

Nǐ yào diǎn shénme cài?

어떤 요리 주문할까?

○ 王芳: 请你向我推荐一下这里的招牌菜吧。

Qǐng nǐ xiàng wǒ tuījiàn yíxià zhèli de zhāopáicài ba.

나에게 이곳의 대표요리를 좀 추천해줘.

STEP 3 필수단어

餐厅	cāntīng	식당, 레스토랑
化妆品	huàzhuāngpǐn	화장품
酒店	jiǔdiàn	호텔, 여관
点菜	diǎncài	주문하다, 요리를 시키다
招牌菜	zhāopáicài	대표요리, 스페셜요리

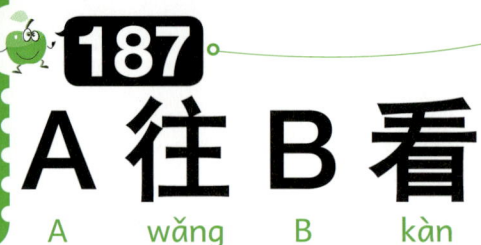

187
A 往 B 看
A wǎng B kàn

A는 B(쪽)을 보다

不要往锅里看。
Búyào wǎng guōli kàn.
냄비 안을 보지 마라.

你往哪儿看呢?
Nǐ wǎng nǎr kàn ne?
너 어딜 보는거니?

我们接着往下看。
Wǒmen jiēzhe wǎng xià kàn.
우리 이어서 다음 내용 볼게요.

人说谎时往右边看。
Rén shuōhuǎng shí wǎng yòubiān kàn.
사람은 거짓말을 할 때 오른 쪽을 본다.

STEP 2 실전회화

● 张伟: 往车窗外看一下吧,

Wǎng chēchuāngwài kàn yíxià ba,

차창 밖을 좀 봐.

路边的风景很美!

lùbiān de fēngjǐng hěn měi!

길가의 풍경이 정말 아름답다!

○ 王芳: 好漂亮啊!

Hǎo piàoliang a!

정말 예쁘다!

咱们停下来, 欣赏一下风景吧。

Zánmen tíngxiàlái, xīnshǎng yíxià fēngjǐng ba.

우리 멈춰서 풍경을 좀 구경해보자.

STEP 3 필수단어

锅	guō	솥, 그릇, 냄비
接着	jiēzhe	이어서, 연이어, 잇따라
说谎	shuōhuǎng	거짓말을 하다
车窗	chēchuāng	차창
风景	fēngjǐng	풍경
欣赏	xīnshǎng	감상하다, 즐기다, 구경하다
漂亮	piàoliang	예쁘다, 아름답다

A 往 B 走

A wǎng B zǒu

A는 B(쪽)을 가다

188

STEP 1 활용예문

我们该往哪儿走呢?
Wǒmen gāi wǎng nǎr zǒu ne?
우리 어디로 가야 합니까?

我往火车站走了。
Wǒ wǎng huǒchēzhàn zǒu le.
나는 기차역으로 걸어갔어요.

他们往客厅走去了。
Tāmen wǎng kètīng zǒu qù le.
그들은 응접실로 걸어갔어요.

她没往屋里走去。
Tā méi wǎng wūli zǒuqù.
그녀는 방안으로 걸어 들어가지 않았어요.

동사를 "走"라고 써도 되고, "走去"라고 써도 같은 의미에요.

○ 王芳: 你看见小王了没有?

Nǐ kànjiàn Xiǎo Wáng le méiyǒu?

너 샤오왕 봤니 못 봤니?

● 张伟: 他刚从商场里出来,

Tā gāng cóng shāngchǎngli chūlái,

그는 막 상점에서 나와서

往停车场那里走去了。

wǎng tíngchēchǎng nàli zǒuqù le.

주차장 쪽으로 걸어갔어.

STEP 3 필수단어

客厅	kètīng	객실, 응접실
屋里	wūli	방안, 실내
商场	shāngchǎng	상점, 슈퍼마켓
停车场	tíngchēchǎng	주차장, 주차위치

189

A 往 B 拐

A   wǎng   B   guǎi

A는 B(쪽)으로 돌다

往左拐。
Wǎng zuǒ guǎi.
왼쪽으로 돌아요.

往右拐。
Wǎng yòu guǎi.
오른쪽으로 돌아요.

请你从南往西拐吧。
Qǐng nǐ cóng nán wǎng xī guǎi ba.
남쪽에서 서쪽으로 돌아주세요.

超市前边不让往东拐。
Chāoshì qiánbiān bú ràng wǎng dōng guǎi.
마트 앞에서는 동쪽으로 돌지 못합니다.

STEP 2 실전회화

○ 王芳: **到胜利广场怎么走?**
Dào shènglì guǎngchǎng zěnmezǒu?
승리광장 어떻게 가요?

● 张伟: **一直往前走, 到了十字路口,**
Yìzhí wǎng qián zǒu, dào le shízìlùkǒu,
계속 앞으로 가다가, 교차로에 도착하면,

往右拐就能看到。
wǎng yòu guǎi jiù néng kàndào.
오른쪽으로 돌면 바로 보입니다.

STEP 3 필수단어

不让	búràng	허락하지 않다, 허용하지 않다
胜利	shènglì	승리하다, 이기다
十字路口	shízìlùkǒu	교차로, 사거리, 네거리
一直	yìzhí	줄곧, 계속, 쭉

431

A 朝 B 微笑

A   cháo   B   wēixiào

A가 B를 향해 미소를 짓다

妈妈朝我微笑了。

Māma cháo wǒ wēixiào le.

엄마는 나를 향해 미소를 지었어요.

同事们都朝我微笑了。

Tóngshìmen dōu cháo wǒ wēixiào le.

직장동료들이 나를 향해 미소를 지었어요.

朋友们都朝她微笑了。

Péngyoumen dōu cháo tā wēixiào le.

친구들은 모두 그녀를 보고 미소 지었어요.

大家都朝他微笑了。

Dàjiā dōu cháo tā wēixiào le.

모두들 그를 보고 미소를 지었어요.

STEP 2 실전회화

● **张伟:** 听到你的回答, 他是怎么说的?

Tīngdào nǐ de huídá, tā shì zěnme shuō de?

네 대답을 듣고, 그는 뭐라고 말했니?

○ **王芳:** 什么都没说,

Shénme dōu méi shuō,

아무말도 없이,

只是朝我微笑了。

zhǐshì cháo wǒ wēixiào le.

그저 나를 보고 미소만 지었어.

STEP 3 필수단어

同事	tóngshì	동료, 파트너
回答	huídá	대답하다
只是	zhǐshì	단지, 그저, …할 뿐이다, …할 따름이다

433

A 朝 B 点头

A cháo B diǎntóu

A가 B를 보고 고개를 끄덕이다

STEP 1 활용예문

我朝王经理点头了。

Wǒ cháo Wáng jīnglǐ diǎntóu le.

나는 왕사장을 향해 고개를 끄덕였어요.

他朝女朋友点头了。

Tā cháo nǚpéngyou diǎntóu le.

그는 여자친구를 보고 고개를 끄덕였어요.

她朝他的粉丝点了点头。

Tā cháo tā de fěnsī diǎnle diǎntóu.

그녀는 그의 팬을 향해 고개를 한 번 끄덕였어요.

老师朝同学们点了点头。

Lǎoshī cháo tóngxuémen diǎnle diǎntóu.

선생님은 학생들을 보고 고개를 한 번 끄덕였어요.

좀 더 생동감있는 묘사를 할 때는 동사를 두 번 써주면 좋습니다.
"한 번, 조금"이라는 뜻으로 가볍고 경쾌한 어감을 나타냅니다.
点头에서는 동사가 点이므로 点点头 또는 点了点头라고 쓸 수 있습니다.

● 张伟: **你可以去欧洲旅游了？**
Nǐ kěyǐ qù Ōu Zhōu lǚyóu le?
너 유럽여행 갈 수 있게 되었니?

○ 王芳: **我爸爸妈妈终于朝我点头了。**
Wǒ bàba māma zhōngyú cháo wǒ diǎntóu le.
우리 엄마아빠가 드디어 승낙하셨어.

点头	diǎntóu	고개를 끄덕이다, 승낙하다
经理	jīnglǐ	사장님, 매니저, 책임자, 관리자
粉丝	fěnsī	팬, 추종자, 팔로워
同学	tóngxué	학교친구, 동급생, 학우
欧洲	Ōu Zhōu	유럽
终于	zhōngyú	드디어, 마침내, 결국

435

A 朝 B 摇头
A cháo B yáotóu

A가 B를 보고 고개를 가로젓다

老师朝我摇头了。
Lǎoshī cháo wǒ yáotóu le.
선생님은 나를 보고 고개를 가로저었어요.

我朝姐姐摇头了。
Wǒ cháo jiějie yáotóu le.
나는 누나를 보고 고개를 가로저었어요.

他朝大家摇了摇头。
Tā cháo dàjiā yáole yáotóu.
그는 모두를 보고 고개를 가로저었어요.

她朝男朋友摇了摇头。
Tā cháo nánpéngyou yáole yáotóu.
그녀는 남자친구를 보고 고개를 가로저었어요.

● 张伟: 你爸爸同意你去中国旅游吗?

Nǐ bàba tóngyì nǐ qù Zhōngguó lǚyóu ma?

너 아빠가 중국여행 가는 것 동의하시니?

○ 王芳: 我每次问他,

Wǒ měi cì wèn tā,

내가 매번 물어볼때마다,

他都朝我摇头。

tā dōu cháo wǒ yáotóu.

아빠는 다 고개를 가로저으셔.

同意	tóngyì	동의하다, 찬성하다, 승인하다
旅游	lǚyóu	여행하다, 관광하다
每次	měicì	매번, 번번이

A 朝 B 眨眼
A cháo B zhǎyǎn

A가 B를 향해 윙크를 했어요

STEP 1 활용예문

她突然朝我眨眼了。
Tā tūrán cháo wǒ zhǎyǎn le.
그녀가 갑자기 나를 보고 윙크를 했어요.

我朝哥哥眨眼了。
Wǒ cháo gēge zhǎyǎn le.
나는 오빠를 향해 윙크를 했어요.

他朝镜头眨了一眼。
Tā cháo jìngtóu zhǎle yì yǎn.
그는 카메라를 보고 눈을 한 번 깜박였어요.

我朝宝宝眨了一眼。
Wǒ cháo bǎobǎo zhǎle yì yǎn.
나는 아기를 보고 눈을 한번 끔벅했어요.

> 좀 더 생동감있는 묘사를 할 때는 동사를 두 번 써주면 좋습니다.
> "한 번, 조금"이라는 뜻으로 가볍고 경쾌한 어감을 전달해요.
> 眨眼에서는 동사가 眨이므로 眨眨眼 또는 眨了眨眼、眨了一眼이라고 쓸 수 있습니다.

STEP 2 실전회화

● 张伟: 你认识他吗?

Nǐ rènshi tā ma?

너 저 사람 아니?

刚才他朝你眨眼了。

Gāngcái tā cháo nǐ zhǎyǎn le.

방금 저 사람이 널 보고 윙크했어.

○ 王芳: 难道他看上我了? 真有眼光。

Nándào tā kànshàng wǒ le? Zhēn yǒu yǎnguāng.

설마 나한테 반한거야? 정말 보는 눈은 있어.

STEP 3 필수단어

突然	tūrán	갑자기, 별안간, 느닷없이
镜头	jìngtóu	카메라, 화면
宝宝	bǎobǎo	귀염둥이, 예쁜이, 아기
认识	rènshi	알다, 인식하다
难道	nándào	설마…란 말인가?
眼光	yǎnguāng	안목, 식견, 통찰력

439

194
A 朝 B 挥手

A　　cháo　　B　　huīshǒu

A가 B를 향해 손을 흔들다

她**朝**我们**挥手**了。

Tā cháo wǒmen huīshǒu le.

그녀는 우리를 향해 손을 흔들었어요.

我**朝**学生们**挥手**了。

Wǒ cháo xuéshēngmen huīshǒu le.

나는 학생들을 향해 손을 흔들었어요.

他**朝**观众们**挥手**了。

Tā cháo guānzhòngmen huīshǒu le.

그는 관중들을 향해 손을 흔들었어요.

孩子们**朝**爸爸妈妈**挥**了**挥手**。

Háizimen cháo bàba māma huīle huīshǒu.

아이들은 엄마아빠를 향해 손을 한 번 흔들었어요.

> 좀 더 생동감있는 묘사를 할 때는 동사를 두 번 써주면 좋습니다.
> "한 번, 조금"이라는 뜻으로 가볍고 경쾌한 어감을 전달해요.
> 挥手에서는 동사가 挥이므로 挥挥手 또는 挥了挥手라고 쓸 수 있습니다.

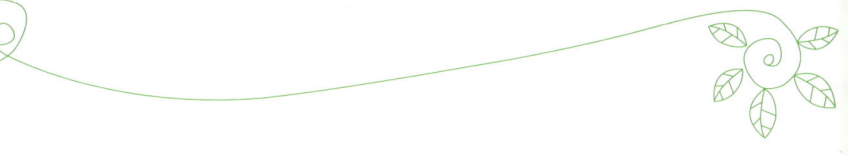
● 张伟:你昨天看到了那位明星吗?

Nǐ zuótiān kàndàole nà wèi míngxīng ma?

너 어제 그 유명스타 봤니?

○ 王芳:昨天我去机场看他了。

Zuótiān wǒ qù jīchǎng kàn tā le.

어제 난 그를 보러 공항에 갔었어.

他还朝我挥手了。

Tā hái cháo wǒ huīshǒu le.

그가 나를 보고 손을 흔들어줬어.

STEP 3 필수단어

明星	míngxīng	샛별, 스타
机场	jīchǎng	공항
观众	guānzhòng	관중, 관객
位	wèi	분, 명(사람을 가리키며 공경의 뜻을 나타내요.)

Chapter 10　离 ~로 부터

从 ~부터, ~에서

沿着 ~을 따라, ~을 끼고

离机场还有一公里。
공항까지 아직 1킬로미터 남았어요.

离考试还剩两天。
시험까지 아직 이틀 남았어요.

서술어의 자리에 형용사 远、近도 잘 옵니다. 그래서, 그 곳으로부터 가깝거나 멀다는 뜻을 표현할 수 있습니다.

离这里很近。 여기에서 아주 가까워요.

离学校不远。 학교로부터 멀지 않아요.

我们从学校出发。
우리들은 학교에서 출발합니다.

我要从今天开始学汉语。
나는 오늘부터 중국어를 배울거에요.

장소를 나타내는 단어의 앞에 쓰여 그 곳을 통과함을 나타냅니다.

他们从商店门口走过。
그들은 상점입구를 걸어서 지나가요.

前女朋友经常从我家门前路过。
전 여자친구가 자주 우리집 문 앞을 지나갑니다.

沿着는 일정한 노선을 끼고 이동함을 나타냅니다.
"~을 따라서, ~을 끼고"라는 뜻입니다.

沿着河边散步。
강변을 따라 산책하다.

沿着这条路往前走。
이 길을 따라서 앞으로 걸어가다.

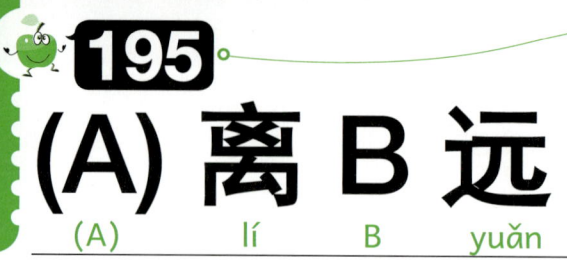

195

(A) 离 B 远
(A) lí B yuǎn

A는 B에서 멀어요

STEP 1 활용예문

地铁站离超市远吗?
Dìtiězhàn lí chāoshì yuǎn ma?
지하철역은 마트에서 멀어요?

机场离我家不远。
Jīchǎng lí wǒ jiā bù yuǎn.
공항은 우리집에서 멀지 않아요.

银行离邮局很远。
Yínháng lí yóujú hěn yuǎn.
은행은 우체국에서 아주 멀어요.

北大离这儿远不远?
Běidà lí zhèr yuǎn bù yuǎn?
북경대학은 여기에서 멀어요 안 멀어요?

● 张伟: 电视台离这里远吗?

Diànshìtái lí zhèli yuǎn ma?

방송국은 여기에서 멀어요?

○ 王芳: 很近, 可以走着去。

Hěnjìn, kěyǐ zǒuzhe qù.

아주 가까워요, 걸어서 갈 수 있어요.

地铁站	dìtiězhàn	지하철역
超市	chāoshì	마트
机场	jīchǎng	공항
邮局	yóujú	우체국
银行	yínháng	은행
电视台	diànshìtái	방송국
走着去	zǒuzhequ	걸어서 가다

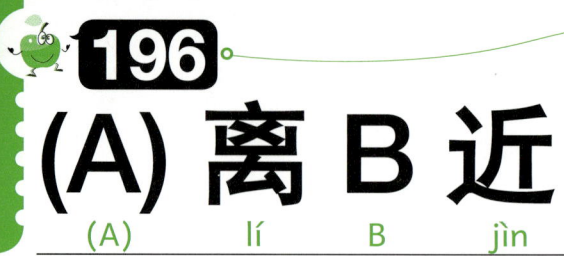

196

(A) 离 B 近
(A)   lí   B   jìn

A는 B에서 가깝다

 **활용예문**

公园离学校近吗?
Gōngyuán lí xuéxiào jìn ma?
공원은 학교에서 가까워요?

游乐园离市中心不近。
Yóulèyuán lí shìzhōngxīn bú jìn.
놀이공원은 시내에서 가깝지 않아요.

滑雪场离酒店很近。
Huáxuěchǎng lí jiǔdiàn hěn jìn.
스키장은 호텔에서 아주 가까워요.

加油站离这儿近不近?
Jiāyóuzhàn lí zhèr jìn bú jìn?
주유소는 여기에서 가까워요 가깝지 않아요?

실전회화

● 张伟: **免税店离这里近吗?**
Miǎnshuìdiàn lí zhèli jìn ma?
면세점은 여기에서 가까워요?

○ 王芳: **不太近。你得坐地铁去。**
Bú tài jìn. Nǐ děi zuò dìtiě qù.
별로 가깝지 않아요. 지하철을 타고 가야 되요.

STEP 3 필수단어

公园	gōngyuán	공원
游乐园	yóulèyuán	놀이공원
市中心	shìzhōngxīn	시내한복판, 도심부
滑雪场	huáxuěchǎng	스키장
酒店	jiǔdiàn	호텔
加油站	jiāyóuzhàn	주유소
免税店	miǎnshuìdiàn	면세점
得	děi	…해야 된다, …걸린다

197
离 A 剩 B
lí A shèng B

A까지 B가 남다

离考试结束还剩五分钟。
Lí kǎoshì jiéshù hái shèng wǔ fēnzhōng.
시험 끝날 때까지 아직 5분 남았습니다.

离演唱会还剩一个星期。
Lí yǎnchànghuì hái shèng yí gè xīngqī.
콘서트까지 아직 일주일이 남았어요.

离目的地还剩三公里。
Lí mùdìdì hái shèng sān gōnglǐ.
목적지까지 아직 3킬로미터 남았어요.

离奥运会还剩半年。
Lí Àoyùnhuì hái shèng bàn nián.
올림픽까지 아직 반년 남았어요.

● 张伟:请问, 你们几点关门?

Qǐngwèn, nǐmen jǐ diǎn guānmén?

실례합니다, 여기 몇 시에 문 닫아요?

○ 王芳:离关门还剩半个小时。

Lí guānmén hái shèng bàn gè xiǎoshí.

문 닫을 때까지 아직 30분 남았어요.

考试	kǎoshì	시험
演唱会	yǎnchànghuì	콘서트. 공연
奥运会	àoyùnhuì	올림픽
目的地	mùdìdì	목적지
关门	guānmén	문을 닫다
小时	xiǎoshí	시간
公里	gōnglǐ	킬로미터

(A) 离 B 有 시간

(A) lí B yǒu

A는 B까지 (시간)이 걸려요

STEP 1 활용예문

离高考还有多少天?

Lí gāokǎo hái yǒu duōshǎo tiān?

수능까지 며칠이 남았어요?

离面试还有三天。

Lí miànshì hái yǒu sāntiān.

면접까지 아직 3일 남았어요.

现在离暑假还有一个月。

Xiànzài lí shǔjià hái yǒu yí gè yuè.

지금은 여름방학까지 아직 일주일 남았어요.

今天离过年还有一个星期。

Jīntiān lí guònián hái yǒu yí gè xīngqī.

오늘은 새해까지 일주일이 남았어요.

○ 王芳: 你什么时候参加HSK考试呢?

Nǐ shénme shíhòu cānjiā HSK kǎoshì ne?

너 언제 HSK시험 보니?

● 张伟: 离HSK考试还有十五天。

Lí HSK kǎoshì hái yǒu shíwǔ tiān.

오늘은 HSK시험날까지 보름 남았어.

还	hái	아직도, 아직, 여전히
高考	gāokǎo	대학입시, 수능
面试	miànshì	면접
暑假	shǔjià	여름방학
咱们	zánmen	우리(들)
过年	guònián	설을 쇠다, 새해를 맞다
参加…考试	cānjiā…kǎoshì	시험을 보다

199

(A) 离 B 有 거리
(A)　　lí　B　yǒu

A는 B까지 (거리)가 얼마나 되요

STEP 1　활용예문

首尔离北京有多远?
Shǒu'ěr lí Běijīng yǒu duōyuǎn?
서울은 베이징으로부터 얼마나 멀어요?

免税店离这里还有三公里。
Miǎnshuìdiàn lí zhèli hái yǒu sān gōnglǐ.
면세점은 이곳에서 3킬로미터 걸려요.

图书馆离教学楼只有一百米。
Túshūguǎn lí jiàoxuélóu zhǐ yǒu yì bǎi mǐ.
도서관은 강의동에서 딱 100미터밖에 안 되요.

我们离目的地还有一公里, 加油吧。
Wǒmen lí mùdìdì hái yǒu yì gōnglǐ, jiāyóu ba.
우리 목적지까지 1킬로미터 남았어, 힘내자!

STEP 2 실전회화

○ 王芳: 公司**离**你家**有**多远?

Gōngsī lí nǐ jiā yǒu duōyuǎn?

회사가 너희 집에서 얼마나 멀어?

得坐多长时间地铁?

Děi zuò duōcháng shíjiān dìtiě?

지하철은 얼마나 타야 하니?

● 张伟: 公司**离**我家还**有**五公里,

Gōngsī lí wǒ jiā hái yǒu wǔ gōnglǐ,

회사는 우리 집에서 5킬로미터 정도야,

不到十分钟就能到。

bú dào shí fēnzhōng jiù néngdào.

10분도 안 돼서 도착할 수 있어.

STEP 3 필수단어

免税店	miǎnshuìdiàn	면세점
图书馆	túshūguǎn	도서관
教学楼	jiàoxuélóu	강의동
目的地	mùdìdì	목적지
加油	jiāyóu	힘내요, 파이팅
米	mǐ	미터
只	zhǐ	단지, 오로지, 딱

从 A 到 B
cóng A dào B

A부터 B까지

STEP 1 활용예문

从这里到首尔站, 要多长时间?
Cóng zhèli dào Shǒu'ěrzhàn, yào duōcháng shíjiān?
여기에서 서울역까지 얼마나 걸려요?

从首尔到北京得坐一个半小时飞机。
Cóng Shǒu'ěr dào Běijīng děi zuò yí gè bàn xiǎoshí fēijī.
서울에서 베이징까지 비행기를 한 시간 반 타야해요.

从上学到现在, 她的学习成绩一直都很好。
Cóng shàngxué dào xiànzài, tā de xuéxí chéngjì yìzhí dōu hěn hǎo.
입학 때부터 지금까지, 그녀의 학습성적은 늘 매우 좋았어요.

这商品从订货到送货上门需要一个星期。
Zhè shāngpǐn cóng dìnghuò dào sònghuò shàngmén xūyào yí gè xīngqī.
이 상품은 주문부터 배송까지 일주일정도 시간이 걸려요.

○ 王芳: **到**北京大学怎么走?
　　　Dào Běijīngdàxué zěnmezǒu?
　　　여기에서 베이징대학까지 어떻게 가요?

● 张伟: **从**这里**到**北京大学,
　　　Cóng zhèli dào Běijīngdàxué,
　　　여기에서 베이징대학까지

　　　坐地铁要坐半个小时。
　　　zuò dìtiě yàozuò bànge xiǎoshí.
　　　지하철을 30분 타면 되요.

得	děi	(시간이나 돈 등이) 걸린다, 든다, 필요하다
成绩	chéngjì	성적
订货	dìnghuò	상품을 주문하다, 예약 구매하다
送货上门	sònghuòshàngmén	집까지 상품을 배달해주다
需要	xūyào	필요하다, 요구하다
地铁	dìtiě	지하철
到…怎么走	dào…zěnmezǒu	…까지 어떻게 가요?

201

从 A 角度看

cóng   A   jiǎodùkàn

A의 측면(입장, 각도)에서 보면

从文化的角度看,
Cóng wénhuà de jiǎodùkàn.
문화의 측면에서 보면,

从我自己的角度看,
Cóng wǒ zìjǐ de jiǎodùkàn.
내 자신의 입장에서 보면,

从教学角度看,
Cóng jiàoxué jiǎodùkàn.
교육적인 측면에서 보면,

无论从哪个角度看,
Wúlùn cóng něige jiǎodùkàn.
어느 모로 보나,

○ 王芳: 你对这个问题有什么看法呢?
Nǐ duì zhège wèntí yǒu shénme kànfǎ ne?
이 문제에 대해 어떤 의견이 있습니까?

● 张伟: 从另一个角度看,
Cóng lìng yí gè jiǎodùkàn,
또 다른 각도에서 보면,

这个问题直接影响到我们的生活。
Zhège wèntí zhíjiē yǐngxiǎngdào wǒmen de shēnghuó.
이 문제는 직접적으로 우리의 생활에 영향을 끼칩니다.

STEP 3 필수단어

文化	wénhuà	문화, 교육수준
教学	jiàoxué	수업, 교수
无论	wúlùn	…을 막론하고, …을 따지지 않고
看法	kànfǎ	견해, 의견, 불만
直接	zhíjiē	직접적이다
影响	yǐngxiǎng	영향을 주다, 영향

(A) 从 B 出发

(A) cóng B chūfā

(A는) B에서 출발하다

我从学校出发。
Wǒ cóng xuéxiào chūfā.
나는 학교에서 출발해요.

他们明天从北京出发。
Tāmen míngtiān cóng Běijīng chūfā.
그들은 내일 베이징에서 출발해요.

她打算从香港出发。
Tā dǎsuan cóng Xiānggǎng chūfā.
그녀는 홍콩에서 출발할 계획이에요.

一切从实际出发。
Yíqiè cóng shíjì chūfā.
모든 것은 사실로부터 출발한다.

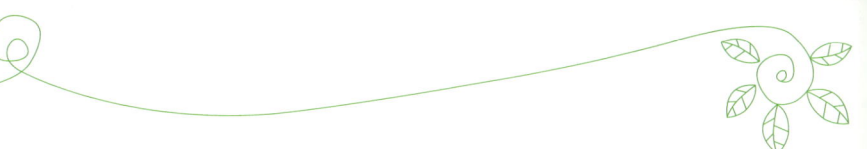

STEP 2 실전회화

● 张伟: **你打算什么时候出发?**

Nǐ dǎsuan shénme shíhòu chūfā?

너 언제 출발할 계획이니?

○ 王芳: **我打算明天从上海出发。**

Wǒ dǎsuan míngtiān cóng Shànghǎi chūfā.

난 내일 상하이에서 출발할 계획이야.

STEP 3 필수단어

打算	dǎsuan	…할 작정이다, …할 계획이다
一切	yíqiè	일체, 전체, 모든 것
实际	shíjì	실제, 실제에 부합하다, 실제적이다

203
从 A 开始 B
cóng   A   kāishǐ   B

A부터 B를 하기 시작하다

 STEP 1 활용예문

我**从**昨天**开始**学弹钢琴了。
Wǒ cóng zuótiān kāishǐ xué tán gāngqín le.
나는 어제부터 피아노를 배우기 시작했어요.

我**从**一月份**开始**学汉语的。
Wǒ cóng yī yuèfèn kāishǐ xué Hànyǔ de.
나는 1월 달부터 중국어를 배우기 시작했어요.

我打算**从**明天**开始**减肥。
Wǒ dǎsuan cóng míngtiān kāishǐ jiǎnféi.
나는 내일부터 시작해서 살을 뺄 계획이에요.

她**从**下星期**开始**上班。
Tā cóng xià xīngqī kāishǐ shàngbān.
그녀는 다음 주부터 출근해요.

● 张伟:我打算**从**今天**开始**戒烟。

Wǒ dǎsuan cóng jīntiān kāishǐ jièyān.

나 오늘부터 시작해서 담배를 끊을 작정이야.

○ 王芳:不要三天打鱼, 两天晒网。

Búyào sāntiāndǎyǔ, liǎngtiānshàiwǎng.

네가 작심삼일 하지 않길 바래!

弹钢琴	tángāngqín	피아노를 치다
月份	yuèfèn	월, 달
减肥	jiǎnféi	살을 빼다, 체중을 줄이다
上班	shàngbān	출근하다
打算	dǎsuan	…할 계획이다, …할 작정이다
戒烟	jièyān	담배를 끊다

三天打鱼, 两天晒网 sāntiāndǎyǔ, liǎngtiānshàiwǎng

사흘은 고기를 잡고 이틀간 그물을 말리다, 작심삼일

(A) 沿着 B 走
(A)　　　yánzhe　　B　　zǒu

(A가) B를 따라서 걸어가다

STEP 1 활용예문

他沿着小河走了。
Tā yánzhe xiǎohé zǒu le.
그는 작은 강을 따라서 걸었어요.

你沿着这条路走吧。
Nǐ yánzhe zhè tiáo lù zǒu ba.
이 길을 따라 가세요.

我正在沿着钟路街走下去。
Wǒ zhèngzài yánzhe zhōnglùjiē zǒuxiàqù.
나는 종로거리를 따라 걸어 내려가고 있어요.

姥姥每天早上沿着河边走。
Lǎolao měitiān zǎoshàng yánzhe hébiān zǒu.
할머니는 매일 아침 강변을 따라 걸으세요.

○ 王芳: 你知道这附近哪儿有银行吗?

Nǐ zhīdao zhè fùjìn nǎr yǒu yínháng ma?

너 이 근처에 어디에 은행이 있는지 아니?

● 张伟: 沿着这条路一直走,

Yánzhe zhè tiáo lù yìzhí zǒu,

이 길을 따라서 쭉 걸어가서,

在十字路口往右拐。

zài shízìlùkǒu wǎngyòuguǎi.

교차로에서 오른쪽으로 돌면 돼.

正在	zhèngzài	지금(한창) …하고 있다
姥姥	lǎolao	외할머니, 외조모
附近	fùjìn	근처, 부근
一直	yìzhí	계속, 줄곧, 곧장
十字路口	shízìlùkǒu	사거리, 네거리
拐	guǎi	방향을 바꾸다, 꺾어 돌다, 돌아가다

(A) 沿着 B 散步
(A)　　　yánzhe　　B　　sànbù

(A가) B를 따라서 산책하다

STEP 1 활용예문

他沿着湖边散步了。
Tā yánzhe húbiān sànbù le.
그는 호숫가를 따라서 산책했어요.

他们正在沿着操场散步。
Tāmen zhèngzài yánzhe cāochǎng sànbù.
그들은 지금 운동장을 따라 산책하고 있어요.

她沿着海边散步了。
Tā yánzhe hǎibiān sànbù le.
그녀는 바닷가를 따라서 산책하고 있어요.

我们正在沿着水池边散步。
Wǒmen zhèngzài yánzhe shuǐchíbiān sànbù.
우리들은 저수지가를 따라서 산책하고 있어요.

○ 王芳: 你们在哪里呢?

Nǐmen zài nǎlǐ ne?

너희들 어디니?

● 张伟: 你到了吗?

Nǐ dào le ma?

너 도착했니?

我们现在沿着公园的小路散步呢。

Wǒmen xiànzài yánzhe gōngyuánde xiǎolù sànbù ne.

우리는 지금 공원의 오솔길을 따라 산책하고 있어.

湖边	húbiān	호수 언저리
操场	cāochǎng	운동장
海边	hǎibiān	바닷가, 해변
水池	shuǐchí	못, 저수지
小路	xiǎolù	좁은 길, 오솔길

467

(A) 沿着 B 绕行
(A)   yánzhe   B   ràoxíng

(A가) B를 끼고 돌아가다

STEP 1 활용예문

你沿着小河绕行吧。
Nǐ yánzhe xiǎohé ràoxíng ba.
시냇물을 따라서 돌아가세요.

你沿着这栋楼绕行吧。
Nǐ yánzhe zhè dòng lóu ràoxíng ba.
이 건물을 끼고 돌아가세요.

你沿着那座塔绕行吧。
Nǐ yánzhe nà zuò tǎ ràoxíng ba.
저 탑을 끼고 돌아가세요.

你沿着这条街绕行吧。
Nǐ yánzhe zhè tiáo jiē ràoxíng ba.
이 길을 따라서 돌아가세요.

○ 王芳:请问, 到中国银行怎么走?

Qǐngwèn, dào Zhōngguó yínháng zěnmezǒu?

저기요, 중국은행은 어떻게 가요?

● 张伟:看见前边的钟塔吧,

Kànjiàn qiánbiān de zhōngtǎ ba,

앞에 있는 종탑 보이죠,

沿着那座钟塔绕行吧。

yánzhe nà zuò zhōngtǎ ràoxíng ba.

저 종탑을 끼고 돌아가세요.

STEP 3 필수단어

小河	xiǎohé	개울, 시냇물
栋	dòng	건물을 세는 양사
座	zuò	건물이나 교각, 산 등을 세는 양사
条	tiáo	길을 세는 양사
钟塔	zhōngtǎ	종탑

(A) 沿着 B 行驶
(A)   yánzhe   B   xíngshǐ

(A가) B를 따라서 주행하다

STEP 1 활용예문

沿着这条路行驶。
Yánzhe zhè tiáo lù xíngshǐ.
이 길을 따라서 주행하다.

沿着湖边的公路行驶。
Yánzhe húbiān de gōnglù xíngshǐ.
호숫가의 국도를 따라서 주행하다.

沿着右边的道路行驶。
Yánzhe yòubian de dàolù xíngshǐ.
오른쪽 도로를 따라서 주행하다.

沿着海边行驶。
Yánzhe hǎibiān xíngshǐ.
해변을 끼고 주행하다.

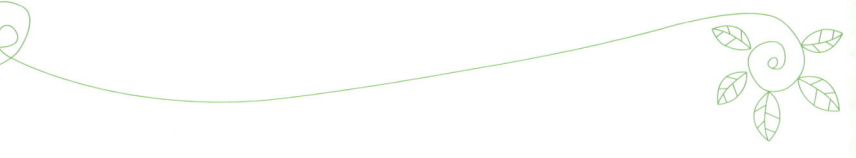

○ 王芳: 香港的交通规则和韩国不同吗?

Xiānggǎng de jiāotōngguīzé hé Hánguó bù tóng ma?

홍콩의 교통법규는 한국과 다릅니까?

● 张伟: 对, 在香港开车,

Duì, zài Xiānggǎng kāichē,

맞아요. 홍콩에서 운전하려면,

我们必须沿着左边的车道行驶。

wǒmen bìxū yánzhe zuǒbian de chēdào xíngshǐ.

우리는 반드시 왼쪽 차도를 따라서 주행해야 합니다.

STEP 3 필수단어

公路	gōnglù	도로, 고속도로, 지방도, 국도
道路	dàolù	도로, 길
海边	hǎibiān	해변, 바닷가
交通规则	jiāotōngguīzé	교통법규, 교통규칙
同	tóng	같다, 동일하다
必须	bìxū	반드시 …해야 한다
车道	chēdào	차도, 차로, 찻길

Chapter 11

为 ～때문에, ～위해

由 ～가, ～이, ～으로

按照 ～대로, ～에 따라

凭(靠) ～을 근거로, ～으로

为人民服务。
인민을 위해 봉사하다.

妈妈为儿子的成绩担心。
엄마는 아들의 성적 때문에 걱정하세요.

我为韩国人骄傲。
나는 한국사람인 것이 자랑스러워요.

① 행위의 주체

"~가 ~하다"라는 뜻으로 동작이나 행위의 주체를 나타냅니다.

由我负责。 내가 맡을께.
由小李决定。 샤오리가 결정해요.

② 출발&경과

"~에서부터, ~에서, ~을 통하여"라는 뜻으로 동작의 기점의 변화나 출처 또는 동작이 경과하는 노선이나 장소를 나타냅니다.

由东向西。 동쪽에서 서쪽으로
由毛毛虫变成蝴蝶。 애벌레에서 나비로 변하다.

③ 구성요소

"～으로"라는 뜻으로 구성 성분이나 요소를 나타냅니다.

水由氢和氧组成。
물은 수소와 산소로 이루어졌다.

访问团由学生和教授构成。
방문단은 학생과 교수로 구성되었다.

按照는 "～을 근거로, ～에 따라, ～대로"라는 뜻으로 뒤에 따라오는 목적어를 기준으로 해서 행위를 하다는 뜻이죠. 按과 照를 따로 하나씩 써도 됩니다. 아래 예문을 통해 자세히 알아봐요.

按照老板的意思去做。 사장님의 뜻대로 해요.
按照学校的规定办事。 학교의 규정대로 일을 처리해요.

凭은 근거나 바탕이 되는 것을 나타내는데, 그 뜻은 "～에 의해, ～에 따라, ～에 힘입어"입니다. 凭은 비슷한 뜻의 靠[kào]와 바꿔쓸 수도 있습니다. 아래 표현확장을 통해 자세히 알아봐요.

凭本事吃饭。
능력으로 먹고 살다.

不能只凭感觉怀疑别人。
오로지 느낌만으로 다른 사람을 의심해서는 안 된다.

A 为 B 高兴

A　　wèi　　B　　gāoxìng

A가 B 때문에 기뻐하다

 STEP 1 활용예문

我**为**儿子**高兴**。
Wǒ wèi érzi gāoxìng.
나는 아들때문에 기뻐요.

我真**为**你**高兴**。
Wǒ zhēn wèi nǐ gāoxìng.
난 정말 당신 덕분에 기뻐요.

我**为**他的成功**高兴**。
Wǒ wèi tā de chénggōng gāoxìng.
나는 그의 성공 때문에 기뻐요.

妈妈**为**我的成绩**高兴**。
Māma wèi wǒ de chéngjì gāoxìng.
엄마는 내 성적 때문에 기뻐요.

○ 王芳: 你女儿考上大学了吗?

Nǐ nǚ'ér kǎoshàng dàxué le ma?

딸이 대학에 합격했어요?

● 张伟: 我女儿考上了北京大学,

Wǒ nǚ'ér kǎoshàng le Běijīngdàxué,

우리 딸은 북경대학에 합격했어.

真为她高兴。

zhēn wèi tā gāoxìng.

그 아이 때문에 정말 기뻐요.

STEP 3 필수단어

为	wèi	…때문에, …덕택에, …하기 위하여
成功	chénggōng	성공하다, 이루다
成绩	chéngjì	성적, 점수
考上	kǎoshàng	(시험에)합격하다
大学	dàxué	대학

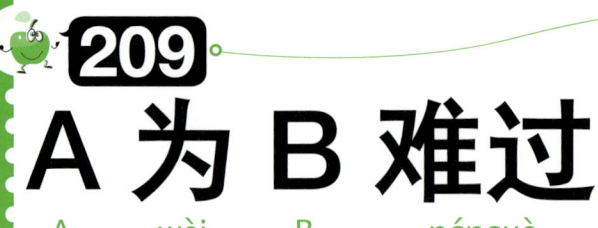

A 为 B 难过
A   wèi   B   nánguò

A가 B 때문에 괴로워요

 **활용예문**

我真**为**她**难过**。
wǒ zhēn wèi tā nánguò.
난 정말 그녀 때문에 슬퍼요.

我**为**爱情很**难过**。
Wǒ wèi àiqíng hěn nánguò.
난 사랑 때문에 괴로워요.

他**为**去世的朋友**难过**。
Tā wèi qùshì de péngyou nánguò.
그는 세상을 떠난 친구 때문에 슬프고 견디기 힘들어요.

她**为**考试不及格**难过**。
Tā wèi kǎoshì bù jígé nánguò.
그녀는 시험에 떨어져서 괴로워요.

● 张伟: 你怎么哭得这么伤心?

Nǐ zěnme kū de zhème shāngxīn?

너 왜 이렇게 슬프게 우니?

○ 王芳: 我为那个可怜的孩子难过。

Wǒ wèi nàge kělián de háizi nánguò.

저 불쌍한 아이 때문에 너무 마음이 아파.

难过	nánguò	고통스럽다, 괴롭다, 슬프다
爱情	àiqíng	사랑
去世	qùshì	세사을 떠나다, 죽다
考试	kǎoshì	시험을 치다, 시험
及格	jígé	합격하다
伤心	shāngxīn	상심하다, 슬퍼하다, 마음아파하다
可怜	kělián	불쌍하다, 가련하다

A 为 B 担心

A wèi B dānxīn

A가 B 때문에 걱정이에요

我真为儿子担心。

Wǒ zhēn wèi érzi dānxīn.

나는 진짜 아들 때문에 걱정이야.

请你不要为我担心。

Qǐng nǐ búyào wèi wǒ dānxīn.

저 때문에 걱정하지 마세요.

她一直在为你担心。

Tā yìzhí zài wèi nǐ dānxīn.

그녀는 늘 네가 걱정이야.

不要为这件事担心。

Búyào wèi zhè jiàn shì dānxīn.

이 일 때문에 걱정하지 말아요.

 **STEP 2** 실전회화

● 张伟: 你怎么了？ 你有心事吗？
　　　 Nǐ zěnmele?　Nǐ yǒu xīnshì ma?
　　　 너 무슨 일 있니?　너 고민있니?

○ 王芳: 我父亲住院了，
　　　 Wǒ fùqīn zhùyuàn le,
　　　 아버지가 입원하셨어,

　　　 一直为他的身体担心。
　　　 yìzhí wèi tā de shēntǐ dānxīn.
　　　 계속 아버지 건강 때문에 걱정이야.

STEP 3 필수단어

担心	dānxīn	염려하다, 걱정이다
一直	yìzhí	계속, 줄곧
怎么了	zěnmele	무슨 일이야? 어떻게 된 거야?
心事	xīnshì	걱정거리, 고민거리, 시름
住院	zhùyuàn	병원에 입원하다
身体	shēntǐ	건강, 몸, 신체
父亲	fùqīn	부친, 아버지

A 为 B 发愁

A　　wèi　　B　　fāchóu

A가 B 때문에 걱정이에요

STEP 1 활용예문

他在为买房发愁。

Tā zài wèi mǎifáng fāchóu.

그는 집을 사는 문제 때문에 고민이에요.

不用为找工作发愁。

Búyòng wèi zhǎo gōngzuò fāchóu.

직장 구하는 일 때문에 걱정하지 마세요.

她正为毕业后的前途发愁呢。

Tā zhèng wèi bìyè hòu de qiántú fāchóu ne.

그녀는 졸업 후의 진로 때문에 걱정해요.

现在人们不用为柴米油盐发愁。

Xiànzài rénmen búyòng wèi cháimǐyóuyán fāchóu.

지금은 먹고 사는 일 때문에 근심할 필요는 없어요.

● 张伟: 听说我们公司准备裁员了,

Tīngshuō wǒmen gōngsī zhǔnbèi cáiyuán le,

회사에서 감원을 하려고 한대,

你知道吗?

nǐ zhīdao ma?

너 알고 있니?

○ 王芳: 我正为这件事发愁呢。

Wǒ zhèng wèi zhè jiàn shì fāchóu ne.

나도 지금 그 일 때문에 걱정하고 있어.

发愁	fāchóu	걱정하다, 근심하다, 우려하다
前途	qiántú	전도, 앞길, 전망
听说	tīngshuō	듣자(하)니, 듣건대, 들은 바로는
准备	zhǔnbèi	…하려고 하다, …할 작정이다
裁员	cáiyuán	(기관, 기업 등에서) 감원하다, 인원을 축소하다, 인원을 줄이다
柴米油盐	cháimǐyóuyán	땔나무와 쌀·기름·소금 등의 생활필수품

212

A 为 B 骄傲

A　　wèi　　B　　jiāo'ào

A가 B 때문에 자랑스러워요

STEP 1 활용예문

我真**为**你**骄傲**。

Wǒ zhēn wèi nǐ jiāo'ào.

나는 정말 당신이 자랑스러워요.

我真**为**韩国**骄傲**。

Wǒ zhēn wèi Hánguó jiāo'ào.

나는 정말 한국이 자랑스러워요.

老师**为**你**骄傲**。

Lǎoshī wèi nǐ jiāo'ào.

선생님은 네가 자랑스럽단다.

妈妈**为**儿子**骄傲**。

Māma wèi érzi jiāo'ào.

엄마는 아들이 자랑스러워요.

실전회화

● 张伟: 你夺得了奥运冠军,
　　　　Nǐ duódéle àoyùn guànjūn,
　　　　올림픽 우승을 거머쥐었는데요,

　　　　现在感受怎么样?
　　　　xiànzài gǎnshòu zěnmeyàng?
　　　　지금 소감이 어떠세요?

○ 王芳: 我真为中国人骄傲。谢谢大家!
　　　　Wǒ zhēn wèi Zhōngguórén jiāo'ào. Xièxiè dàjiā!
　　　　저는 정말 중국인이어서 자랑스러워요. 여러분 감사합니다!

STEP 3 필수단어

骄傲	jiāo'ào	① 자랑스럽다 ② 거만하다, 오만하다
成绩	chéngjì	성적
夺得	duódé	달성하다, 탈취하다, 이룩하다, 얻다
奥运	àoyùn	올림픽
冠军	guànjūn	챔피언, 우승(자), 우승팀, 1등
感受	gǎnshòu	① 감수하다, 느끼다 ② 느낌, 인상, 체득, 체험, 감상

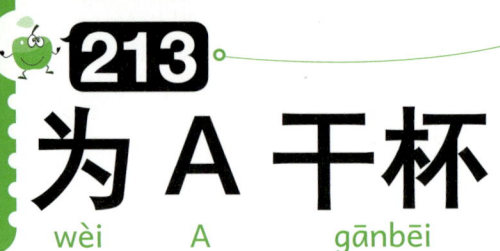

为 A 干杯

wèi　　A　　gānbēi

A를 위하여 건배!

STEP 1 활용예문

为我们的友谊天长地久**干杯**!
Wèi wǒmen de yǒuyì tiānzhǎngdìjiǔ gānbēi!
우리의 우정이 영원하도록 건배!

为我们的爱情**干杯**!
Wèi wǒmen de àiqíng gānbēi!
우리의 사랑을 위하여 건배!

为合作成功**干杯**!
Wèi hézuò chénggōng gānbēi!
성공적인 협력을 위하여 건배!

为大家的健康**干杯**!
Wèi dàjiā de jiànkāng gānbēi!
모두의 건강을 위하여 건배!

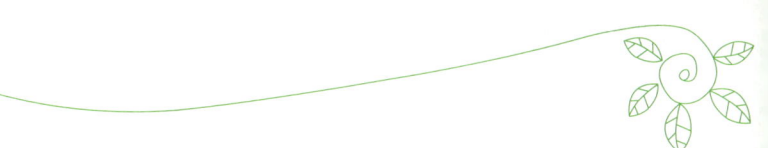

● 张伟: 王总, 我敬你一杯酒吧。

Wángzǒng, wǒ jìng nǐ yì bēi jiǔ ba.

왕사장님, 제가 한 잔 올리겠습니다.

○ 王芳: 好, 为事业的圆满成功干杯!

Hǎo, wèi shìyè de yuánmǎn chénggōng gānbēi!

좋습니다, 사업의 원만한 성공을 위해 건배합시다!

友谊	yǒuyì	우정, 우의
天长地久	tiānzhǎngdìjiǔ	(사랑이나 우정이)영원히 변하지 않다, 영원하다
合作	hézuò	협력하다, 협조하다
成功	chénggōng	성공하다
敬酒	jìngjiǔ	삼가 술을 올리다
圆满	yuánmǎn	완벽하다, 훌륭하다, 원만하다

214

A 为 B 着想

A　wèi　B　zhuóxiǎng

A가 B을 위해 생각한거야

我真**为**你**着想**。

Wǒ zhēn wèi nǐ zhuóxiǎng.

나는 정말 널 위해 생각한 거야.

爸爸**为**女儿**着想**。

Bàba wèi nǚ'ér zhuóxiǎng.

아빠는 딸을 고려한 거에요.

我是**为**别人**着想**的。

Wǒ shì wèi biéren zhuóxiǎng de.

나는 다른 사람을 위해 고려한 거야.

老师**为**学习不好的学生**着想**。

Lǎoshī wèi xuéxí bù hǎo de xuéshēng zhuóxiǎng.

선생님은 공부를 못하는 학생을 위해 신경쓴 거에요.

> 🍏 tip ------------
> 이 표현에서 "为"는 "替(tì) 대신하다, 위하다"로 바꿔 쓸수 있어요.

 STEP 2 실전회화

● 张伟: 你今天为什么这么做呢?

Nǐ jīntiān wèishénme zhème zuò ne?

너 왜 이렇게 하니?

○ 王芳: 我为你着想的。

Wǒ wèi nǐ zhuóxiǎng de.

난 너 생각해서 그런건데.

难道你不懂?

Nándào nǐ bù dǒng?

너 설마 모르는거니?

STEP 3 필수단어

难道	nándào	설마…란 말인가? 설마…이겠어요?
懂	dǒng	이해하다, 알다, 터득하다
着想	zhuóxiǎng	(어떤 사람이나 어떤 일을)생각하다, 고려하다, 염두에 두다

215

A 由 B 带大

A yóu B dàidà

A는 B가 키우다

STEP 1 활용예문

他是**由**姥姥**带大**的。

Tā shì yóu lǎolao dàidà de.

그는 외할머니가 키웠어요.

他不是**由**生母**带大**的。

Tā bú shì yóu shēngmǔ dàidà de.

그는 생모가 키우지 않았어요.

我的外甥是**由**我妈妈**带大**的。

Wǒ de wàisheng shì yóu wǒ māma dàidà de.

내 외조카는 우리 엄마가 키웠어요.

他从小就**由**保姆**带大**了。

Tā cóngxiǎojiù yóu bǎomǔ dàidà le.

그는 어려서부터 보모가 키웠어요.

● 张伟:有一个四岁的女孩子被遗弃在森林里,

Yǒu yí gè sì suì de nǚháizi bèi yíqìzài sēnlínli,

정글에 버려진 네 살 여자아이가 있었는데,

她是由猴子带大的。

tā shì yóu hóuzi dàidà de.

그녀는 원숭이가 키웠대.

○ 王芳:真的吗? 真是不可思议。

Zhēndema? Zhēnshì bùkěsīyì.

진짜? 정말 불가사의하다.

生母	shēngmǔ	생모, 친어머니
外甥	wàisheng	누나 또는 여동생의 아들, 외조카
从小就…	cóngxiǎojiù…	어려서부터 곧…
保姆	bǎomǔ	보모, 가정부
遗弃	yíqì	내버리다, 유기하다
森林	sēnlín	삼림, 숲, 정글
不可思议	bùkěsīyì	불가사의하다, 이해할 수 없다, 상상할 수 없다

216

(A) 由 B 负责
(A) yóu B fùzé

(A는) B가 책임지다

STEP 1 활용예문

这件事由我负责。
Zhè jiàn shì yóu wǒ fùzé.
이번 일은 내가 책임질게.

这项工作由你们负责。
Zhè xiàng gōngzuò yóu nǐmen fùzé.
이번 일은 너희들이 맡으렴.

由你来负责主持吧。
Yóu nǐ lái fùzé zhǔchí ba.
네가 사회를 맡으렴.

运费由我们公司负责。
Yùnfèi yóu wǒmen gōngsī fùzé.
운송비는 우리 회사가 책임져요.

负责는 '承担[chéngdān] 맡다, 담당하다, 부담하다, 책임지다'로 바꿔써도 되요.

● 张伟: 这次中国出差我有哪些安排?

Zhè cì Zhōngguó chūchāi wǒ yǒu nǎ xiē ānpái?

이번 중국출장에 나는 어떤 스케줄들이 있어요?

○ 王芳: 我确认一下吧。

Wǒ quèrèn yíxià ba.

제가 확인해 볼게요.

这次安排是由李代理负责的。

Zhè cì ānpái shì yóu Lǐ dàilǐ fùzé de.

이번 스케줄은 이대리가 맡고 있습니다.

STEP 3 필수단어

负责	fùzé	책임지다, 부담하다
承担	chéngdān	맡다, 담당하다, 책임지다
运费	yùnfèi	운송비
主持	zhǔchí	사회를 보다
出差	chūchāi	출장가다
安排	ānpái	일을 처리하다, 스케줄잡다
确认	quèrèn	확인하다

A 由 B 决定
A　yóu　B　juédìng

A는 B가 결정해요

一切由你决定吧。
Yíqiè yóu nǐ juédìng ba.
모든 것은 네가 결정해.

命运由自己来决定。
Mìngyùn yóu zìjǐ lái juédìng.
운명은 스스로가 결정한다.

去哪里旅游由你们来决定。
Qù nǎli lǚyóu yóu nǐmen lái juédìng.
어디로 여행갈지 너희들이 결정해.

吃中餐还是吃西餐由你来决定。
Chī zhōngcān háishì chī xīcān yóu nǐ lái juédìng.
중식을 먹을지 양식을 먹을지 네가 결정해.

王芳: 今晚我们去夜店跳舞, 怎么样?
Jīnwǎn wǒmen qù yèdiàn tiàowǔ, zěnmeyàng?
오늘 밤에 우리 클럽에 춤 추러 갈까, 어때?

张伟: 随便, 由你来决定。
Suíbiàn, yóu nǐ lái juédìng.
편할대로 해, 네가 결정해.

决定	juédìng	결정하다
一切	yíqiè	모든 것, 일체
命运	mìngyùn	운명
旅游	lǚyóu	여행을 가다
夜店	yèdiàn	클럽
随便	suíbiàn	편할대로 해, 마음대로 해

A 由 B 组成

A　　yóu　　B　　zǔchéng

A는 B로 구성되다

STEP 1 활용예문

这本书由三个小故事组成。
Zhè běn shū yóu sān gè xiǎogùshì zǔchéng.
이 책은 세 개의 작은 이야기로 구성되어 있어요.

委员会由教授和工程师组成。
Wěiyuánhuì yóu jiàoshòu hé gōngchéngshī zǔchéng.
위원회는 교수와 엔지니어로 조직되었어요.

新HSK考试由三个部分组成。
Xīn HSK kǎoshì yóu sān gè bùfen zǔchéng.
신HSK시험은 세 부분으로 구성되었어요.

这支球队由二十五个运动员组成。
Zhè zhī qiúduì yóu èrshíwǔ gè yùndòngyuán zǔchéng.
이 축구팀은 스물다섯 명의 선수로 조직되었어요.

● 张伟: 访问团都有哪些人?

Fǎngwèntuán dōu yǒu nǎ xiē rén?

방문단은 어떤 사람들이 있어요?

○ 王芳: 访问团是由三位教授和十五个大学生组成的。

Fǎngwèntuán shì yóu sān wèi jiàoshòu hé shíwǔ gè dàxuéshēng zǔchéng de.

방문단은 세 분의 교수님과 열다섯 명의 대학생으로 구성되어 있어요.

故事	gùshi	이야기
组成	zǔchéng	구성되다, 조성하다, 조직하다
委员会	wěiyuánhuì	위원회
工程师	gōngchéngshī	엔지니어, 기사
球队	qiúduì	구기종목의 팀
访问团	fǎngwèntuán	방문단

按照 A 去做
ànzhào　A　qùzuò

A에 따라 하다

STEP 1 활용예문

按照老板的意思去做。
Ànzhào lǎobǎn de yìsi qùzuò.
사장님이 시킨 대로 해요.

按照老师说的去做。
Ànzhào lǎoshī shuō de qùzuò.
선생님이 말한 대로 해요.

按照以下几个步骤去做。
Ànzhào yǐxià jǐ gè bùzhòu qùzuò.
다음의 몇 개 절차 대로 하세요.

按照自己内心想法去做。
Ànzhào zìjǐ nèixīn xiǎngfǎ qùzuò.
자신의 마음의 소리 대로 해요.

● 张伟: 我应该在韩国读大学呢?

  Wǒ yīnggāi zài Hánguó dú dàxué ne?

  나 한국에서 대학을 다닐까?

  还是在中国读大学呢?

  Háishì zài Zhōngguó dú dàxué ne?

  아니면 중국에서 대학을 다닐까?

○ 王芳: 按照爸爸的意思去做。

  Ànzhào bàbà de yìsi qù zuò.

  아빠가 시킨 대로 해.

STEP 3 필수단어

意思	yìsi	뜻, 의견, 의사
步骤	bùzhòu	절차, 단계, 순서
想法	xiǎngfǎ	생각, 의견, 견해
读大学	dúdàxué	대학을 다니다

499

按照 A 办事
ànzhào　A　bànshì

A대로 일을 처리하다

 **활용예문**

按照明文规定办事。
Ànzhào míngwénguīdìng bànshì.
정식 규정 대로 일을 처리해요.

按照他的要求办事。
Ànzhào tā de yāoqiú bànshì.
그의 요구 대로 일을 처리해요.

按照实际情况办事。
Ànzhào shíjì qíngkuàng bànshì.
실제상황에 따라 일을 처리해요.

按照工作计划办事。
Ànzhào gōngzuò jìhuà bànshì.
작업 계획에 따라 일을 처리해요.

● 张伟: 到中国以后, 我该怎么做?

Dào Zhōngguó yǐhòu, wǒ gāi zěnmezuò?

중국에 간 이후에, 어떻게 해야되죠?

○ 王芳: 按照当地负责人的安排办事。

Ànzhào dāngdì fùzérén de ānpái bànshì.

현지 책임자의 지휘에 따라 일을 처리해요.

STEP 3 필수단어

明文	míngwén	명문, 정식으로 공포한 공문서
规定	guīdìng	규정, 규칙
要求	yāoqiú	요구하다
计划	jìhuà	계획하다, 계획
负责	fùzé	책임지다, 맡다
安排	ānpái	안배하다, 스케줄잡다, 계획하다

221

凭 A 获得 B

píng A huòdé B

A로 B를 얻다

 STEP 1 활용예문

他凭自己的努力获得了很大的成功。

Tā píng zìjǐ de nǔlì huòdéle hěn dà de chénggōng.

그는 자신의 노력으로 아주 큰 성공을 거뒀어요.

这本书凭真实故事获得了读者的喜爱。

Zhè běn shū píng zhēnshí gùshi huòdéle dúzhěde xǐ'ài.

이 책은 리얼스토리로 독자들의 사랑을 받았어요.

这位演员凭演技获得了观众的好评。

Zhè wèi yǎnyuan píng yǎnjì huòdéle guānzhòng de hǎopíng.

이 배우는 연기로 관객들의 호평을 얻었어요.

这个商品凭良好的质量获得了消费者的青睐。

Zhège shāngpǐn píng liánghǎode zhìliàng huòdéle xiāofèizhě de qīnglài.

이 상품은 좋은 품질로 소비자의 사랑을 받았어요.

● 张伟: 为什么男人都喜欢开这辆车呢?

Wèishénme nánrén dōu xǐhuan kāi zhè liàng chē ne?

남자들은 왜 다 이 차를 좋아하지?

○ 王芳: 这辆车凭很酷的设计获得了男人的喜爱。

Zhè liàng chē píng hěn kù de shèjì huòdéle nánrén de xǐ'ài.

이 차는 아주 멋진 디자인으로 남자들의 사랑을 받았어.

演技	yǎnjì	연기
好评	hǎopíng	호평, 좋은 평가
质量	zhìliàng	품질, 질량
青睐	qīnglài	엔지니어, 기사
酷	kù	멋지다, 죽인다, 짱이다
设计	shèjì	디자인

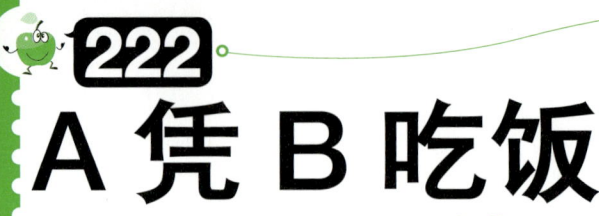

A 凭 B 吃饭

A ping B chīfàn

A는 B로 먹고 살아요

我凭这个吃饭。

Wǒ píng zhège chīfàn.

내가 이걸로 밥 먹고 살아요.

她主要凭唱歌, 跳舞吃饭。

Tā zhǔyào píng chànggē, tiàowǔ chīfàn.

그녀는 주로 노래와 댄스로 밥 먹고 살아요.

我毕竟凭身体吃饭。

Wǒ bìjìng píng shēntǐ chīfàn.

나는 어쨌든 몸으로 먹고 살아요.

他不是凭这行吃饭的。

Tā bú shì píng zhè háng chīfàn de.

그는 이 업종으로 먹고 사는 사람이 아니에요.

● 张伟:她汉语说得怎么这么流利?

Tā Hànyǔ shuō de zěnme zhème liúlì?

그녀는 중국어를 어쩜 이렇게 유창하게 하지?

○ 王芳:她是凭中文翻译吃饭的人。

Tā shì píng Zhōngwén fānyì chīfàn de rén.

그녀는 중국어 통역으로 먹고 사는 사람이야.

行	háng	업종, 업계
主要	zhǔyào	주된, 주요한, 대부분
毕竟	bìjìng	결국, 끝내, 필경, 어디까지나
流利	liúlì	유창하다
翻译	fānyì	통역하다, 번역하다